ミネルヴァ世界史〈翻訳〉ライブラリー④

スポーツの世界史

デイビッド・G・マコーム 著
中房敏朗／ウエイン・ジュリアン 訳

ミネルヴァ書房

刊行にあたって

「これまでの世界史を刷新する必要がある」、「新しい世界史が求められている」と叫ばれてすでに久しい。ヨーロッパ中心的な発展段階の叙述でも、国民史の雑多な寄せ集めでもない世界史を構想するという課題は、「グローバル・ヒストリー」や「ビッグ・ヒストリー」といった新たな問題提起と対話しつつ、いまやそれをどのように書くか、具体的な叙述としていかに世に問うかという段階に至っている。

「ミネルヴァ世界史〈翻訳〉ライブラリー」は、そうした新しい世界史叙述の試みを、翻訳というかたちで日本語読者に紹介するものである。選書にあたっては、Oxford University Press社の New Oxford World History シリーズ、Routledge 社の Themes in World History シリーズに収められたものを中心に、それ以外からも広く優れたものを収めることを目指した。

ここに紹介する書籍が、日本語での世界史叙述の刷新に少しでも寄与することを願っている。

二〇二二年一〇月

監修　南塚信吾
　　　秋山晋吾

はじめに

懇親会などでだれかに初めて会ったとき、最初によく尋ねられる質問がある。「何をなさっているのですか」。この質問は、わたしがどこのだれであるのかを確かめ、何かつながりがありそうか、あるいはお互いの序列を探ろうとしているのである。つまり仕事は何かを訊いているのだ。過去二五年間、そんな場面に出くわしたとき、「大学で教えています」と答えてきた。するとこんどは決まって「それで何を教えているんですか」と尋ねてくる。「スポーツの歴史です」。そう答えると、一瞬間があり、相手がつぎにどんな反応を見せるのかとじっと目をこらす。たいていは「うーん」と言ったきり、ほとんど関心を示さないか、「おぉ！」と言って、驚きと強い興味を表すかのどちらかだった。その後の会話の流れが、こうして決まるのである。

学生、学者、専門職、あるいはその他の人々でも、ほとんど生まれながらにしてスポーツに関心を持っているような人と、そうでない人に分けられる。スポーツはつまらない無意味なものと思うか、さもなければ好奇心と興味を持って見るかのどちらかである。新聞のスポーツ欄をよく読み、テレビでスポーツ中継を見る人はいても、自分の興味については何も考えない。経験をただ楽しむだけである。彼らこそ決まって「おぉ！」と言う人たちであり、そんな人たちのために、この本は書かれている。

スポーツの世界史　目次

《翻訳にあたって》

訳出にあたっては、地名・人名・事項表記は基本的に『角川　世界史辞典』（二〇〇一年）によった。アメリカ合衆国はアメリカと、ブリテンはイギリスとそれぞれ表記した。本文中の（　）は著者によるもので、訳者の補足的説明は〔　〕に入れて示した。一部、読みやすさを考慮して小見出しを加えた箇所もある。挿絵は原書にはなく、訳者の判断で加えた。

序章　語義と理論

学者たちは二〇世紀に入ってからもしばらくスポーツの重要性を認めようとしなかった。それでも哲学者、社会学者、人類学者、体育指導者が、やや遅れて歴史家もスポーツの分野に参入するようになった。そんな中、熱心な愛好家が集まり、一九七三年に北米スポーツ史学会を設立して機関誌も刊行した。一六三人だった小さな学術集団が三〇年後には三八〇人にまで増えた。いまや北米、ヨーロッパ、オーストラリアでは、各地の大学にスポーツに関する講義があり、スポーツ史が、主題とまではいえないにしても、履修課程や本格的な研究対象として認められている。スタジアムに入場する経費を所得税から控除しようと思う講師にとっても、スポーツ史を口実にしてむだな経費を正当化していると思われなくてすむようになった。

◆スポーツとは何か

奇妙なことに、「スポーツ」という言葉を定義するのは厄介である。何を意味するのかはだれでも知っているのに、その解釈は必ずしも一致しない。例えば、釣り、狩猟、スキー、ハイキングは、スポーツだろうか。大方の人は、これらの活動がレクリエーションの一種であり、スポーツの類いであると認めるだろう。しかし、これはどうだろうか。獲物の大きさを競う、スポンサーが付いたバス釣り大会であったり、あるいはスキーを履いて山の斜面につくられたこぶを一気に滑り下りて、だれが一番速いかを競う場合である。これらはまだスポーツと認める人も多いだろう。しかし両者には、肉体的な労力がどれだけ激しいかという点でも、またどれだけ真剣さが求められるかという点でも、大きな隔たりがある。これまで体育の指導者は、一方の端にはレクリエーションまたはあそびがあり、他方には運動競技がある、一続きの連続する直線を利用してスポーツとは何かを説明してきた。

　大半のレクリエーションは楽しみや運動、気分転換のためにおこなわれる——地域のスポーツクラブで昼休みにおこなわれるバスケットボールのように。直線の反対側、つまり運動競技の方には、例えばバスケットボールの大学対抗戦のように、高度なトレーニングやコーチング、資本の投入、大観衆、ルール、広報活動、制度的な管理がある。レクリエーションから運動競技の方へ移動するにつれ、純粋な楽しみの量が減り、真剣勝負の量が増える。しかし、この連続する直線上にはどこを見ても、スポーツを構成する三要素、つまり身体的な能力、ルール、競争の組み合わせがある。この組み合わせが、レクリエーションならぼんやりとしてわかりづらいが、運動競技であればはっきりとわかる。本書では、レクリエーションよりも運動競技の歴史を重視する。したがって、チェスやブリッジなどのレクリエーション的なゲームは、肉体的な労力がほとんど必要ないということもあり、ここでは割愛する。また、以下で使用する「スポーツ」「コンテスト」という語は、大半は「運動競技（アスレチック)」と同じ意味で使用し、「ゲーム」は時おり、オリンピック・ゲームのように「運動競技会(アスレチック)」の意味で使用する。

◆時代区分の問題

スポーツ史家には、スポーツがいつ、どこで、なぜ発展したのかを明らかにすること以外にも、重要な課題がある。時代と場所が異なるスポーツについて比較・分析できる何らかの枠組み、つまり理論を構築することである。世界史に手を染める学者なら、おそらく他のだれよりもこの課題と格闘していることだろう。一般に、世界史家は西洋文明を教える人たちと同じ時代区分を利用して、学生たちに教えてきた。すなわち、古代、中世、一五〇〇年から始まる近代である。とはいえ、時代区分についてはなお議論が多い。とりわけ世界システム論の支持者のあいだでは議論が絶えず、貿易と商業における最も重要な時代として一三世紀、一六世紀、一八世紀を挙げる。それに対して、近代スポーツの発展と普及において最も重要な時代は、一九世紀と二〇世紀である。

この二世紀にまたがる期間は、近代スポーツが進化した時代であり、軍人をはじめ、帝国の行政官、キリスト教の宣教師、スポーツ統轄団体、愛好家、実業家らの意図的な活動を通して、近代スポーツがまさにグローバルな展開を遂げた時代であった。先住民族がおこなっていた大半の伝統スポーツは、ほとんど世界へ広がらなかった。世界中に広がった近代スポーツは、ヨーロッパとアメリカの歴史的発展、通信・交通網、影響力に付随して、世界に進出した西洋人の手によって運ばれたものである。

したがって、粗削りを承知でいえば、近代におけるスポーツの歴史は近代化論の射程内にほぼ納まると考えてよい。

◆近代化論

近代化論では次のように論じられる。すなわち、産業革命や科学革命、都市化、資本主義の成長の結果、西ヨーロッパ諸国やアメリカが、合理性、標準化、統一性、秩序、物質的進歩、官僚的統治、企業統制を重視する、豊かな近代国家へと発展した。そうした環境の中で、人々の所得と余暇が結果的に増大したことにより、観て楽しむスポーツが商業化して専門的な発展を遂げる道が開かれた。近代国家は、こうして静態的で、伝統に縛られ、経済的に貧しく、儀式的で、階級的な前近代の状態から、自由になることができたのである――と。

近代化論を批判する者は、その理論がはらむ西洋的偏向、人間性を無視した推進力、非西洋の発展を予見する能力の欠如、伝統的な価値や内発的な契機を考慮する姿勢の不在を指摘する。批判者はまた、近代化が文化帝国主義やグローバル化を意味し、それがひいては世界の文化を均質化するのではないかと懸念してきた。世界のスポーツをみるなら、確かにそれも一面の真実であろう。例えばサッカーやバスケットボールは世界中で共通のルールが使われているし、スポーツ界に行きわたる慣習にしても西洋に由来する。だが、西洋中心主義や均質化に対する懸念があるからといって、この理論の有効性までも弱められるわけではない。

歴史家のピーター・スターンズが指摘するように、近代化論はなお完成したものではなく、いささか誤用されることもあるとはいえ、産業革命のような歴史上の大きな諸力の連関を理解するためには役立つ道具である。近代化論は現に世界の比較研究、経営史、スポーツ史において役立ってきた。アマースト大学の教授でアメリカ研究の学者アレン・グットマンは近代化論を利用して、伝統スポーツと近代スポーツがどのように違うのかを説明した。グットマンにとって近代はまさに異質のものであり、大方のスポーツ史家も彼に同意する。だが時間は止まらない。いまやスポーツはポストモダンの時代に入ったのではないか、との見方もされる。

◆ポストモダニズム

一九六〇年代以降、建築家、芸術家、俳優たちがモダニズムの境界線に風穴を開けるようになった。彼らは既存のスタイルを折衷し、正統とされるものに異議を申し立て、行動や嗜好における一般的な習慣から逸脱した。例えば一九八四年に建築家のフィリップ・ジョンソンは、ニューヨークのAT&Tビルディングのてっぺんに、チッペンデール〔曲線の多い装飾的な家具の意匠のこと〕のような山型の切妻をいたずらっぽく配置した。驚いた批評家はその摩天楼が直線で囲まれた長方形の近代的なオフィスビルには見えず、まるで大きな古時計のように見えると論評した。他の例をあげるなら、バーネット・ニューマンの手になる、錆びた鋼鉄を溶接した急進的な彫刻がある。その作品「壊れた方尖塔」はマーティン・ルーサー・キング・ジュニア〔キング牧師〕の途絶えた人生を象徴し、一九七一年にテキサス州ヒューストンのロスコ礼拝堂の一光景になった。それは偉大な芸術作品として認められはしたが、自然の現実性に基づかないものだった。ディズニー社が提供するようなテーマパークは現実を愉快な模造品に置き換えた。二〇〇三年のＭＴＶアワード・ショーでは、序幕に登場したポップスターのマドンナが仲間の女性歌手ブリトニー・スピアーズとクリスティーナ・アギレラに濃厚なキスをして観客の度肝をぬいた。このような行為は男女関係の境界線を乗り超えるものであり、大きな波紋を呼んだ。

スポーツ界でも境界線が崩れだした。一九六五年に裁判官のロイ・ホフヘインズがアストロドームを開業した。野球のフィールドをすっぽりと覆うほど巨大なもので、しかも空調設備をそなえた世界初の全天候型スポーツ施設であった。批評家や選手のあいだでは賛否が渦巻いたが、アストロドームが建設されてからというもの、以前には存在しなかった、フィールドを覆う大きなドーム型の建物が次々と造られるようになった。スポーツ界のアマチュアルールが冷戦の影響により破綻し、他方では娯楽性を重視するテレビがスポーツのルールを変えたり、うやむやにしたりした。テレビの役員たちは放送の枠組みに収まる都合のいい時間帯に、ゴルフ、アメリカンフットボール、テニスなどの試合がおこなわれるよう圧力をかけた。また、スケートボードやサーフィンの競技会など、通常の制約を超えたエクストリーム・スポーツが一九九〇年代になって登場した。オーストラリアの歴史家ボブ・スチュワートとアーロン・スミスは、テレビの要求によって「ファーストクラス・クリケット〔球数無制限で二イニング制の国際的な標準試合のこと〕」がしだいに衰退したと嘆きながらも、「華々しく、楽しくて、斬新であり、時間が圧縮された競技は、ポストモダン・スポーツの特徴である」と言葉を結んだ。

しかしモダニズムであれ、ポストモダニズムであれ、だれもが認める確固とした理論はなお築かれていない。それでもなお、現在のスポーツの特徴は、アレン・グットマンが規定した近代スポーツの特徴と比べると、どこか異なっているようにみえる。むろん、ものごとを後からでないと説明できない歴史家にとって、そうした変化や推測を明確にするためにはより多くの時間が必要である。とはいえ、近代化論やポストモダンの仮説に基づく分析は、人間社会のいかなる場所にスポーツが位置づくのかを照らし出すだろう。

◈スポーツと文化

スポーツ活動は文化的な現象であり、したがってスポーツは、それを組み込んだ、より大きな社会の一部である。スポーツが社会の価値を表現するということはありふれた決まり文句にもなっている。一九五四年にアメリカの知識人ジャック・バーザンが述べた「アメリカ人の心を知りたかったら、野球を知るとよい。このゲームのルールや現実味を。それも高校野球か草野球から見始めるべきだ」という、よく引用されるこの言葉は、そのことをうまく言い表している。

スポーツは社会の表現、または社会の声明である。そこには社会の関心や歴史や特性が表れている。経済、政治、技術、宗教、地理、倫理、人種やジェンダーのような社会問題は、スポーツの現場で起こっていることやルールの中に観察することができる。これらが変化すると、スポーツの活動も変化する。例えば、野球はもはやかつてのアメリカの偉大な娯楽ではない。スポーツ社会学者のD・スタンリー・エイッツェンがアメリカについて述べたように「野球は、私たちが何であったのか、つまり内部志向で、農村的で、個人主義の社会であったことを表象している。野球は平和な過去への憧れのために、まだ人気がある。それに対してアメリカンフットボールは、今の私たち、つまり他人志向で、都市‐技術的で、企業‐官僚的な社会を象徴しているからこそ、人気がある」。したがってスポーツは、彫刻、絵画、音楽、ダンス、演劇、映画、文学などの他の文化的な表現と重なる部分がある。社会がポストモダンの時代に移行するにつれて、スポーツもまたその漂流の一部となって流されるし、ときには文化をリードすることもあるだろう。それは当然起こりうることなのだ。

◆芸術としてのスポーツ

スポーツを芸術の一形態、つまりパフォーミング・アートとして考えることも有益である。スポーツには、他の文化的な表現と同じように、感情に訴える魅力、美学、ドラマ、楽しみ、ひらめきがある。アスリートは一定の自己表現力と自発性を持った芸術家と見なすことができる。アスリートはもちろんルールの範囲内でプレーしなければならないが、音楽家や俳優でも変わらない。なるほど他の芸術と比べると、スポーツは会場も異なるし、禁止薬物の使用が成否を左右する要因にもなりうるし、スポーツの結果はつねに不確実である。演劇や楽曲なら、俳優や音楽家が書かれたものに従うので結末が不確実ということはない。アスリートは、即興の機会が多い、ジャズの演奏者や作家に近いかもしれない。スポーツは、他の芸術とは異なる要素から構成されていることは確かだとしても、それでもやはり芸術の一形態にほかならない。

絵画、音楽、演劇などの文化的な表現と同じように、人間の運動は人間の実存に必要ないという考え方がある。スポーツは感情を刺激することはできても、スポーツの試合が戦争の原因になるわけではない。スポーツは戦争を終わらせないし、スポーツを通じた友好関係が戦争を抑止するという有力な証拠もない。なにしろ、近代オリンピックの時代に二度の世界大戦、冷戦、そして数え切れないほど多くの地域紛争があったのである。加えて、スポーツは世界経済を動かせないし、外交政策を決定することもない。宇宙の壮大な広がりの中で、フットボールの勝敗が真に意味あることのようには思われない。神は勝ち負けに関心があるだろうか。野球チームのシカゴ・カブスやボストン・レッドソックスは、本当に呪われているのだろうか。いったいだれがわかるというのだろう。

学校の他の文化的な教科と同様に、スポーツが生徒に必要であることを示せる定量的な証拠はどこにもない。しかしながら、生き生きとして偏りがなく多面的な人間を創造するために、スポーツを含む芸術が有用であることを示す、多くの逸話的な証言がある。人々はいかなる時代や場所でも文化的な制度を造ってきた。芸術は生活の質を豊かにするからだ。スポーツの試合は見る人にも参加する人にも社会のあらゆる分断を横切る会話を提供するし、スポーツの比喩もそこかしこに見いだせる――「平たんな競技場〔公平な競争の場〕」、「ぬかるんだ投球場〔困難な状況〕」、「オン・ターゲット〔狙い通り〕」、「タオルを投げる〔敗北を認める〕」などである。社会学者のギャリー・J・スミスが述べたように「好きなチーム、好きな選手、スポーツにまつわる知識は、なんでも会話の種になる」。

加えて、身体を使う競争はおそらく人類と同じくらい古いものである。人類学者のロバート・R・サンズは、スポーツを通文化的な比較を可能にする人間の定数、つまり「普遍文化」と見なした。スポーツは「スポーツを含むより大きな文化の基礎となる、重要で価値ある行動の青写真」を提供できるのだ。他の文化的な表象がそうであるように、スポーツもまた、人間であることが何を意味するのかを理解するのに役立つ、芸術の一形態なのである。

◆本書の構成

第1章では、スポーツというものを生みだす根本的な必然性、またはその理由について概観する。ここではスポーツをする理由を明らかにしたり、一八〇〇年以前のスポーツの豊かな歴史を実例で示したりするために、さまざまな例を利用するが、その多くは前近代のものである。世界史の長所の一つは、時代や空間を超えて比較しながら相違点や共通点を際立たせることにある。それを試みるのが第1章である。とはいえ本書のおもな目的は、近代の国際的なスポーツの歴史を辿ることである。第2章では近代のスポーツの始まりを、第3章ではスポーツが世界中に広がる過程を跡づける。最後の章では、近代スポーツのグローバル化の諸問題について考察したい。

本書が重視するのは、世界のおもなスポーツのうち、プレーヤーとファンの関心から考慮して、ざっと上位一〇位に入るスポーツである。すべてのスポーツは網羅できないが、ここで取り上げきれないスポーツについては、世界中の三〇〇種に及ぶスポーツについて解説した『世界スポーツ事典』（一九九六年）を参照すれば、きっと疑問が解ける。折にふれてスポーツの基本的なルールに言及するように努めたが、いくらひいき目に見ても一部にすぎない。ルールの詳細は『ランド・マクナリー図説スポーツ辞典』（一九七八年）、『スポーツのルール』（一九九〇年）、『スポーツ――図解大全』（二〇〇〇年）を調べればよい。統計情報については、『スポーツ・イラストレイテッド』誌やＥＳＰＮによる年鑑が役に立つであろう。

さらに読み進む人のために

Melvin L. Adelman, “Modernization Theory and Its Critics,” *Encyclopedia of American Social History* (New York: Scribners, 1993), vol. I, pp. 348–356.

Gerry Brown and Michael Morrison (eds.), *ESPN: Information Please Sports Almanac* (New York: Hyperion, 2002).

Diagram Group, *Rules of the Game* (New York: St. Martin's Press, 1990).

Editors of Sports Illustrated, *Sports Almanac* (Boston: Little Brown and Company, 1996).

Francois Fortin, *Sports: The Complete Visual Reference* (Willowdale, Ontario, Canada: Firefly Books, 2000).

Allen Guttmann, *From Ritual to Record: The Nature of Modern Sports* (New York: Columbia University

Press, 1978).〔アレン・グートマン著、清水哲男訳『スポーツと現代アメリカ』ティビーエス・ブリタニカ、一九八一年〕

David Levinson and Karen Christensen (eds.), *Encyclopedia of World Sport* (Santa Barbara, California: ABC-CLIO, 1996), 3 vols.

Benjamin Lowe, *The Beauty of Sport* (Englewood Cliffs, New Jersey: Prentice-Hall, 1977).

Robert R. Sands, *Anthropology, Sport, and Culture* (Westport, CT: Bergin & Garvey, 1999).

Garry J. Smith, "The Noble Sports Fan," in D. Stanley Eitzen (ed.), *Sport in Contemporary Society: An Anthology* (New York: St. Martin's, 1993, fourth edition), pp. 3-14.

Peter N. Stearns, "Modernization and Social History: Some Suggestions and a Muted Cheer," *Journal of Social History,* vol. 14 (Winter 1980), pp. 189-209.

Bob Stewart and Aaron Smith, "Australian Sport in a Postmodern Age," *International Journal of the History of Sport,* vol. 17 (June-September 2000), pp. 278-304.

Graeme Wright, *Rand McNally Illustrated Dictionary of Sports* (Chicago: Rand McNally & Company, 1978).

第1章　運動の必然性とスポーツが生まれる理由

人はだれでも生まれながらに運動する能力がある。そしてだれもが身体に埋め込まれたそんな能力を高めることが運命づけられている。これは逃れられない人間性の一部である。この章の前半ではスポーツのこの根底的な側面について検討し、後半では何がスポーツの形成に影響を与えるのか、つまりスポーツが生まれるさまざまな理由を一つの分類法にしたがって提案したい。

◆運動の必然性

人間の動機づけについて研究した二〇世紀屈指の理論家アブラハム・マズロー（一九〇八～七〇年）は、身体には宿命があると考えた。マズローは二〇世紀の三大心理学者の一人である。彼は自分の子どもを観察しながら、他の二人の偉大な心理学の理論家――一人は、抑圧された思考について探究したジークムント・フロイト（一八五六～一九三九年）であり、もう一人は、外力が行動にどんな影響を与えるのかを研究したB・F・スキナー（一九〇四～九〇年）である――から距離を置きはじめた。マズローは、赤ん坊には両親の教育とは関係なく、寝返りをさせ、歩かせ、行動させる、課題一覧と時

1952年のオリンピック参加に向けて，自宅近くで練習するロジャー・バニスター（*Sports Illustrated,* June 20, 1955, p. 26）

間表のようなものが内在するのではないかと考えたのである。マズローをはじめとする学者は、身体運動は人類に生まれつき備わるものであり、人類の進化において重要な力であると考えた。子どもは成長の過程で、歩く、投げる、走る、登る、運ぶ、持ち上げるなどの基本的な運動技術を学習する。こうした運動技術を発達させて生涯にわたり活用することは、全人類に共通する。手短にいえば、人間とは動くようにできた生き物なのだ。それは種としての生物学的な運命でもある。かくして人類たるもの一人残らずアスリートになる可能性を秘めながら、人生を歩みはじめるのだ。

　さらに人間にはからだを動かすことに一定の喜びがあるように思われる。イングランドのバースで育った偉大なランナー、ロジャー・バニスターは不器用で内向的な性格であったが、青年時代を振り返って、浜辺で肉体的な啓示を受けた瞬間についてこう語っている。

> この最高の瞬間、ぼくは純粋な喜びで跳び上がった。ほんの少しでも走り出せば生み出せる、すご

い興奮に驚き、怖じけづいた。だれかに見られていないか、不安な気持ちで周りを見渡した。もう少しだけ走り――こんどは意識しながら、最初の興奮を逃さないようにした。地球はまるで、ぼくと一緒に動いているように感じた。どんどん走り出すと新鮮なリズムがからだに入ってきた。もはや動いている意識がなくなり、ぼくは自然と一体になっていた。力や美しさを生み出す新しい源泉、いままで夢見たこともないような源泉。それに気づいたんだ。

マズローは人間を自己実現に導いたり、高揚感や鮮烈な意識を伴う至高体験に導いたりする「欲求階層」について理論化した。いまや心理学者はこのような瞬間のことを、時間が止まり、完全に集中できる「フロー」体験と呼んでいる。アスリートなら、すべてが「ワーク」している（「なにもかもうまくいく」の意）、「ホット」だ、あるいは自分のスポーツの要求に調和する、などと表現する瞬間のことである。バイオメカニクスの本を著したジョン・ジェロームは、それを「スイート・スポット」と呼んでいる。彼は若いころに、瓶に石を投げたときに感じたある瞬間を懐かしく思い出した。「いちばん忘れられないのは、石が手から離れようとする、まさにその瞬間に的に当たることがわかったとき、時おり感じた強烈なパワーなんだ」。

ロジャー・バニスターは一九五四年に一マイル走で四分の壁を破ったが、その歴史的な力走の最後の一周について、こう振り返っている。

喜びと苦悩が溶け合った瞬間があり、心が私を支配しはじめた。それはからだよりもずっと前方にあり、からだを力強く前へと引き寄せた。一生涯の瞬間が来たと感じた。痛みはなく、からだの動きと目指すものとの完全な一体感しかなかった。周りの世界は静止しているように見え、あるいは世界が存在しなかった。唯一の現実といえば、足の裏の残り二〇〇ヤードのトラックだけだった。

『ランナーズ・ワールド・マガジン』の元医学編集者で、ジョギングの第一人者であるジョージ・シーハンは、世界的に活躍するサーファー、マイケル・ハインソンの言葉を引用した。「波と一体になると、ある水準の自分を失うけれど、もう一つ高い水準の自分と再会できるんだ」。それに対してシーハンは自身の「ランナーズ・ハイ」について次のように語る。

私の感覚は、単純な官能的な喜びから楽しみまで、充足感から理解を超えた平和まで、とても幅が広いんです。このさまざまな現象を簡単に説明するいちばんいい表現は、至高体験です。これらは、いずれも自分が今どこにいるのか分からない、時代を超越し、無私の、空間や歴史や不安の外にある状態です。マズローは、この状態を神秘体験の希薄化したものとみなし、より世俗的で、より頻繁に起きるものだと言っています。

「運動の喜び」や「至高体験」の存在を裏づける科学的なデータはほとんどなく、大部分はたんなる体験上の所感か、逸話的な回想でしかない。それでも人間の生命のこうした側面はスポーツを生み出す源泉であるようだ。それはスポーツがもたらす楽しみや驚きの根底にあり、また普遍的なものである。スポーツに打ち込んだ経験のある人なら、だれでもこうした感覚に気づいたことがあるだろうし、他の人がそんな感覚になっていることを認識することだってできるだろう。

◈競争の役割

スポーツのもう一つの根本的な要素は競争である。競争は身体技能の優劣を測定する方法であり、最善の努力を促す動機でもある。ベンジャミン・ローが『スポーツの美』（一九七七年）で表現したように、「競争は、アスリートが卓越性を探し求めて、能力を研磨するための砥石である」。そのような対抗意識は私たちの最古の歴史にも登場する。先ごろ研究のためにジンバブエへ渡航した動物学者のベルンド・ハインリッチは、岩のひさしの下に隠れている、古代の絵文字を発見した。そこには、弓と矢を持ち、全力で走る、小さな棒のような人物が列になって描かれていた。右端にいる先頭の人物はあたかもアスリートがゴール直前に見せる普遍的な勝利の身振りで両腕を高く挙げていた。アマチュアのマラソンランナーでもあるハインリッチは、最後にこう結んでいる。

この無意識の身振りは、懸命に戦い、息苦しい思いをし、苦難を乗り越えて、勝利の爽快感を味わったランナーであれば、たいてい反射的に行うものである。この未開の地の人々の図像は、ランニング、競争心、卓越性を求める努力の淵源が、いかに古く、またいかに深くさかのぼるかを視覚的に気づかせてくれる。

ジンバブエのマトボの丘で発見された狩人たちの岩絵
(Bernd Heinrich, *Why We Run: A Natural History,* New York: Harper Collins Publishers, 2001, p. 11)

古代文学や民間伝承にも随所に運動競技への言及がある。世界最古の文学作品『ギルガメシュ叙事詩』は紀元前二三〇〇年頃のバビロニアに起源を持つが、物語の英雄ギルガメシュがエンキドゥに出くわし、レスリングを挑まれる場面がある。「二人は取っ組み合い、野生の牛のようにもみ合い、吠え、怒号をあげた」といい、さらに「二人は戸の支柱を破壊し、壁が揺れた。……しかしギルガメシュが足を床につけ、腰をかがめ、エンキドゥを放り投げると、彼の怒りは鎮まり、その場を立ち去ろうと踵を返した」という。かくしてエンキドゥは敗北を認め、二人はこの闘いのあと、親友となり生涯の仲間となった。この物語は民話に由来する叙事詩に出てくるが、興味深いことに、バビロニアの暦では「ギルガメッシュのひと月」を、レスリング競技をおこなう時節に定めていた。

古代エジプトでは、武勇を証明するために、ファラオが兵士とともに狩りや競技をした。ギザの石碑には、アメンヘテプ二世(前一四三八～前一四一二年)の功績を称える記録が残る。

陛下のように弓を張る者はなく、陛下よりも速く走れる者もなかった。陛下の腕は逞しく、矢の如く速く進む船の船尾で、櫂を握って漕いでも疲れを知らなかった。陛下は二〇〇人の船乗りのなかで最高の漕手だった。

今でも私たちはからだの丈夫なリーダーを好む。政治家の候補であれば、自分の健康診断の結果や、ジョギング、ヨット、ゴルフ、ソフトボール、その他の趣味のスポーツに親しむ姿をとらえた写真を進んで公表する。もちろん、アメンヘテプ二世の時代には、運動競技でファラオに勝とうとする恐れ知らずの者はいなかったであろうし、次のようなエジプトの王子の伝説を公然と疑う者もいなかったであろう。すなわち王子は高さ三七メートルも真っ直ぐに跳び上がって、塔の壁に開いた女性の部屋の窓まで辿りつき、他の求婚者を打ち破って、女性の愛を勝ち取ったというのだ。

しかし運動競技と愛にまつわる何よりも興味深い物語は、おそらく古代ギリシアにおける戦車競走の始まりとされるものを描いたものだろう。ギリシアの王オイノマオスにはヒッポダメイアという名の美しい嫁入り前の娘がいた。オイノマオスは求婚者に勝負を持ちかけた。求婚者には娘を戦車に乗せて走らせて、王は駿馬と戦車を使い、あとから二人を追いかける。そして求婚者がそのまま逃げ切れるかどうかを競うのだ。ただし追いつけば、王はその若い男を槍で殺すという約束である。勝負に訪れたペロプスが宮殿の門を見やると、そこには先に挑戦した男の生首一二個が並べて打ち付けられていた。しかしペロプスは王の戦車を操る御者ミュルティロスをまんまと買収し、ヒッポダメイアの腕の中で淫らな夜を過ごせると約束した。ミュルティロスは、その見返りに、王の戦車の青銅製の車軸を抜いて、蜜蝋にすり替えた。

かくしてペロプスは身を任せるヒッポダメイアを抱き上げて戦車を走らせた。王は追走した。だが、戦車がバラバラになり、王は地面に投げ出され、死に絶えた。ところがペロプスは約束を守るどころか、ミュルティロスを崖の上から海に放り投げた。ミュルティロスはペロプスの裏切りを罵りながら、海に沈んでいった。ギリシア人にとって神話の英雄は狡猾でありさえすれば、高潔である必要はなかった。オリュンピアには聖なる木立に包まれた小さな丘があり、ギリシア人はその丘をペロプスの神殿として称えるとともに、戦車競走の起源としても称えたのである。ヒッポダメイアは同じ場所で、ゼウス神の正妻ヘラを称える女子の祭典競技会、ヘレアを創設した。

ペロプスとヒッポダメイアを乗せた戦車を追走するオイノマオス。右上に飛ぶのは性愛を司る神エロス
（E. H. Warmington ed., *Philostratus the Elder Imagines; Philostratus the Younger Imagines; Callistratus Descriptions*, London: William Heinemann ltd., 1931, p. 69）

ホメロスは『オデュッセイア』（前七六〇年）の結びで、愛と運動競技のこの上なく凄惨な物語を語っている。オデュッセウスがトロイア戦争から一〇年ぶりに帰国すると、近隣のギリシア人が参加する弓術大会に出くわし、だれが自分の妻と領地を手に入れるのかを見守った。貞節な妻ペネロペは、

夫が死んだと告げられて、夫の剛弓を使い、並べた一二本の鉄斧の「すべての孔」を射通した者となら結婚すると約束したのである。ところが、だれひとり満足に剛弓を引くことができず、矢を弦に掛けることさえもできなかった。オデュッセウスは憐れな放浪者の身なりで前に進み出ると、弓を構え、弦を引き寄せ、弦で「燕の声」のような調べを奏でたかと思うと、矢は斧の先端をすり抜けた。さらに残りの矢を放ち、オデュッセウスの家に侵入して、妻と財産を横取りしようとした男たちを、みな殺しにした。

要するに、運動の必然性はだれにでも例外なく当てはまり、進化の歴史に組み込まれている。競争はまた、たとえ生得的なものではないにしても古来の系譜につながり、進化の過程において重要であり、生き延びるために不可欠なのだ。現代のランナーならよく知っているこんな格言がある。

アフリカでは毎朝レイヨウが目を覚ます。レイヨウは、足の速いライオンから逃げ切らないと食い殺される。アフリカでは毎朝ライオンが目を覚ます。ライオンは、足の速いレイヨウよりも速く走らないと飢えて死ぬ。ライオンでもレイヨウでも構わない。太陽が昇ればとにかく走ればいい。

◈スポーツを造形する二次的な影響

時とともに、労働、戦争、宗教、観る楽しみ、地理、エロスといった二次的な影響が現れた。これらが運動競技の必然性に輪郭と形態を与えて、スポーツというものを造形するようになった。先住民が自発的におこなう伝統的なスポーツの場合には、これらの影響が織り混ざっている。そのため、二次的な影響という「糸」を活動の「織物」から一つひとつ引き剝がすことは難しい。とはいえ、ここでは分析を容易にするために二次的な影響を選別し、事例を挙げながら論じている。もちろん、これらの事例でさえも多くは複雑な理由があると主張するのはやさしいし、それらの影響もそれらしい証拠や常識に頼る場合が多いと指摘するのも難しいことではない。比較の事例はもっぱら一八世紀までのさまざまな時代と場所から採用するが、近代スポーツが登場するのはそのあとである。時間をこのように区切ったとしても、〔自発的で即興性のある〕伝統スポーツが絶えず生まれていることも理解しておきたい。サーフボード、マウンテンバイク、スケートボード、スノーボードなどで戯れたり競ったりすることが、そうした例に数えられる。

◈労　働

ベルンド・ハインリッチがジンバブエで観察した先史時代のランナーの絵は狩猟の場面に重ねられていて、原住民は弓と矢を持っていた。狩猟は不可欠の労働である。ランニングはおそらく最古のスポーツであり、狩猟から簡単に移行できた。走るために用具は要らないし、ただたんに競走する意志さえあればよかった。そんな競走はアッカド帝国（前二五〇〇年）やヒッタイト文明（前一二〇〇年）の新年祭にも組み込まれていた。前七七六年の古代オリンピック競技大会で採用された最初の競技は短距離走であり、しかも第一三回までそれが唯一の競技であった。ギリシアのスタディオン、つまりスタジアムは、長さが約二〇〇メートルで、人間が全速力で走れるほどの距離だった。時代が下ると、ギリシア人はスタジアムを二〇～二四回折り返すような競走も追加した。

こんにち、いちばん有名な長距離走、つまりマラソンには職業的な背景がある。マラソンは古代オリンピック大会の種目にはなく、フェイディッピデスの物語に由来する。フェイディッピデスは伝令を生業とし、言づてを届けるためにギリシアの田園地帯をあちこち駆けまわっていた。この物語はじつは歴史的な根拠に乏しく、歴史家ヘロドトス〔前四八五～前四二五年〕が伝令に少し言及したことと、それから約五〇〇年ばかりあとに伝記作家プルタルコス〔四六～一二〇年〕がわずかに論評したにすぎない。

伝説によると、前四九〇年に侵略者ペルシア人が都市国家アテネの近くに上陸した。アテナイ人は同盟を結ぶ都市国家スパルタに助けを求めようと、フェイディッピデスを走らせた。ところがスパルタはさしあたりその要請を宗教上の理由で断り、フェイディッピデスは悪い知らせを持ち帰った。まもなくアテナイ人はペルシア人への奇襲攻撃に成功し、こんどは勝利を知らせるために、戦いに加わっていたフェイディッピデスを帰郷させた。フェイディッピデスは二六マイル〔約四二キロ〕ほど走り、アテネの広場まで戻ると「喜べ、勝ったぞ！」と大声で叫んだ。丘陵地帯を五日間で計三五〇マイル〔約五六〇キロ〕以上も走りつづけたフェイディッピデスは、そのまま倒れ込んで息を引き取った。物語の詳細は疑わしいが、マラトンの戦場からアテネまで走ることは現代のマラソンの着想につながり、一八九六年に始まった近代オリンピックに採用された。

また興味深いのは、ホメロスの『イリアス』（前七六〇年）で描かれる、パトロクロスの葬送競技として浜辺を走る競走である。物語のこの場面は古代ギリシアの陸上競技にまつわる優れた描写であるが、神や女神がギリシアの生活で積極的な役割を果たしていたことを彷彿とさせる。競走に参加したオデュッセウスは先頭の走者のすぐ後ろを走り、いよいよゴールに近づくと神に祈った。「女神よ、お聞き下さい。どうか我が足に、力強い神助を賜りますように」。祈りの声を聞いたアテネはオデュッセウスの力を回復させた。そして先頭を行く走者をつまずかせると、うつ伏せにころび、口を開けたまま、牛糞が積もる山を通り抜けた。オデュッセウスは競走に勝ち、相手は糞を吐き出しながらこう叫んだ。「ちくしょう！　ほんとうに女神がつまずかせたんだ――女神はいつもオデュッセウスの御機嫌を取るんだ。まるで母親のようにな」。父ゼウスの盾と槍を携えたアテネこそ、ギリシアの戦争と勝利の女神であった。

狩猟の成果が、狩猟道具――弓、矢、槍、のちの銃など――を扱う腕前によって左右されるのであれば、射的が生まれるのも当然のことであった。スペインやフランスの先史時代の洞窟壁画をはじめ、世界中のあらゆる場所で弓射の痕跡を見いだすことができる。考古学者ハワード・カーター（一八七三～一九三九年）はツタンカーメン（前一三四八～前一三四〇年）の王墓で弓と矢を見つけた。ニネヴェ（アッシリアの首都）の寺院の壁には、檻から放たれたライオンを弓射で殺す、アッシュル・バニパル王（前六六九～前六四〇年）が描かれている。パトロクロスの葬送競技では、アキレスが弓射大会を開催した。浜辺に船のマストを真っ直ぐに立てて、その切っ先に鳩を縛り、だれがその鳩を仕留めるかを競い合った。一番手の射手が放った矢は、鳩を縛る紐を切り、運よく鳩を助けたが、空に舞い上がった鳩を仕留めたもう一人の射手が勝利を手に入れた。

中国では唐王朝時代（六一八～九〇六年）に、弓射の習熟度が国家の官吏登用試験〔武挙〕に組み込まれ、日本では七世紀の宮廷儀式において重視されたのが、歩射と騎射であった。中世ヨーロッパの射手たちは、柱の上に据えた木製の鳥、いわゆる「ポピンジェイ〔オウムの古語〕」をはじめ、さまざまなものを的に利用していた。射手の物語は民間伝承にも溢れている。イングランドやスコットランドの四〇種近い俗謡で取り上げられた伝説の射手ロビン・フッドは、おそらくイングランドのノッティンガムに近い、シャーウッドの森に住んでいた。ロビン・フッドは金持ちから奪い、貧しい者に分け与えたのである。スイスの伝説的なウィリアム・テルは息子の頭に置いたリンゴを矢で撃ち落とし、一四世紀初頭、圧政に抵抗するシンボルとなった。

とはいえ、銃の発明後、弓射は娯楽の要素を強めたが、アメリカの開拓地では、弓と矢の代わりに、ライフルを使った競技が広がった。鳥類の写実画家として名高いジ

立ち木に備えた「ポピンジェイ」や他の品々を標的にして，弓射の練習に励む射手たち。16世紀フランスの木版画より
（Henry René D'Allemagne, *Sports et jeux d'adresse,* Paris: Hachette & Cie, 1903, p. 85）

ヨン・ジェームズ・オーデュボン（一七八五〜一八五一年）は僻地でおこなわれたライフル競技について記しており、釘を弾丸で撃ったり、リスを「樹皮（バーク）」することを競い合ったという。「樹皮」するとは、射撃手がリスのすぐそばの樹皮を撃ち、弾丸ではなく衝撃でリスを仕留める猟法のことだった。一八二〇年代から一八三〇年代にかけて、さらに西方に行くと、ロッキー山脈では毎年恒例の集まりがあり、毛皮猟師がその年に手に入れた生皮を物資と交換した。そして酒を飲み、賭け事に耽り、女を漁り、また競馬やレスリング、斧投げなどの即興の出し物に伴う喧嘩で、その一週間を楽しくすごした。

しかしながら、労働または職業から派生した、より息の長い開拓地のスポーツの一つは、ロデオであった。一七世紀から一八世紀にかけて、スペインの開拓者がメキシコ北部とアメリカ南西部で牛の牧場を造った。一九世紀のアメリカでは、カウボーイがスペインの牛使い（ヴァーケロウ）から牛の扱い方を学び、彼らが使う用具も採り入れた。この仕事にはロープ術、焼き印、牛の群れの統率といった特別な技術が必要であった。さらに牧場の仕事のために野生の馬を馴らす必要もあった。カウボーイたちが仕事と関係のない場所で出会ったとき、とくに七月四日の休日〔独立記念日〕に町なかで集まったときには互いに腕を試そうとしたのも自然なことであった。アリゾナ州プレスコットでは、町が誕生して二年後の一八六四年に、早くもロデオの記録がある。プロのロデオは一八八〇年代に発達し、ウィリアム・F・コーディが一八八二年に始めた大西部ショー〔開拓期の西部を舞台にした見世物〕とともに、このスポーツを広めた。

◆戦　争

弓矢、槍、馬、銃といった狩猟に必要な用具などを使いながら、同じ仲間の人間を狩り殺す。それはいとも簡単な一歩であった。古代オリンピック競技大会でおこなわれていたスポーツの中でも、槍投げは戦争と最も密接に関連していたようである。ミケーネ時代からローマ帝国に至るまで、兵士が使用する攻撃用の武器といえば槍だったからである。敵味方が接近して白兵戦になる前に、遠く離れたところから槍を投げ合った。槍投げは前七〇八年のオリンピック大会で、五種競技――走、跳、円盤投げ、槍投げ、レスリング――の一種目に採用された。ギリシア人はさらに種目を追加する。前六八八年にボクシング、前六八〇年に戦車競走、前六四八年にレスリングとボクシングを組み合わせたパンクラチオンと、競馬を大会に加えた。前五二〇年にはさらに祭典の結びの種目として、兜、すね当て、盾で武装した人々による短距離競走を加えた。これらの種目はいずれも戦闘に役立つ技術を反映したものであり、その技術をまさに向上させるためのものだった。

素手の格闘技は世界中にあるが、古代のギリシア人はレスリングに磨きをかけた。試合はまず、立った姿勢か、地面につくばった姿勢から始められた。相手を地面に三回投げるか、寝技で相手を降参させれば勝ちになる。時間や体重に制限はなかった。足払いは認められたが、嚙むこと、目をえぐること、性器を握ることは禁止された。最初のスポーツの英雄、イタリア南部のクロトン出身のミュロンはオリンピック大会のレスリングで六回（うち一回は少年の部）も優勝し、彼こそは最初の「ジョック〔頭は弱いがスポーツだけは得意な者を表す俗語〕」であったといえる。前六世紀以来、ミュロンの逸話は繰り返し語り継がれてきた。すなわちミュロンはかつてオリンピック会場の周りで持ち歩いていた四歳の牛をまるごと食べたことがある。ミュロンは賭けをして、九リットルのワインを一気に飲み干した。ミュロンは息を止めて頭の静脈を膨らませ、額に巻かれたひもを引き裂くことができた。ミュロンは七回目に参加したオリンピックの祭典で、近づこうとしない相手に対して、ついに敗北したあと——ミュロンは極度の疲労から崩れ落ちたのである——観客は倒れたチャンピオンに喝采を送り、ミュロンを肩に担いでスタジアムの周りを行進した。

だが、ミュロンの物語の結末には戒めが記されていた。二世紀にパウサニアスがリュディアからオリュンピアを巡った旅行記にこんな記述がある。ミュロンが片田舎を歩いていると、ちょうど倒木に出くわした。農夫が乾いた丸太を割ろうとして楔を打ち込んでいた。力自慢を鼻にかけていたミュロンは、少し開いた割れ目に手を入れて、丸太を二つに引き裂き、この仕事にけりをつけようとした。ところがミュロンが手を入れると楔が抜け落ち、指が丸太に挟まった。ミュロンは動けず、その夜、狼に襲われて食い殺された。力で栄光を得た者は力によって滅びるとホメロスは警告したが、この物語は、アスリートはからだは丈夫でも頭がいいとは限らないという、時代を越えた教訓を裏づけるものだった。

レスリングはまた、古代エジプトでも重視されたスポーツであった。アレクサンドリアからナイル川沿いに二〇〇マイル〔約三二〇キロ〕ほど南に下ったベニ・ハサンには、前二〇五〇年頃の墓の壁

多様なレスリングの技を描いたベニ・ハサン17号墓の壁画（Percy E. Newberry, *Beni Hasan,* part II, London: Kegan Paui, 1893, no paged）

画がある。そこには一二二組の男性や少年が描かれており、種類に富んだ技を見ることができる。現代のレスリングの動きがほとんどすべて描かれているが、その図像からエジプト人がどんな手を使ってもよかったことがわかる。地方特有の前近代的なレスリングは、アフリカでは収穫祝いや結婚式のために、インドやイギリス諸島では娯楽のためにおこなわれたが、アジアでは多様なレスリングの形態の中でもとりわけ奇妙な一つ、相撲が誕生した。

相撲の起源ははっきりしないが、宮廷娯楽、宗教儀式、合戦にまでさかのぼる。興味深いことに、「相撲」という言葉は女性どうしの闘いで初めて用いられた。ある物語によると、五世紀に支配したとされる雄略天皇が、宮中の大工から自慢話を聞かされて気分を損ねた。大工になって一度もしくじったことがないというのだ。そこで天皇は側近の采女に上半身を裸にさせ、大工に見えるように相撲を取らせた。大工は心を乱しながらも作業を続けたが、つい手を誤った。天皇は大工に死を宣告した。たんに相手を投げて勝敗を決した相撲は、八世紀には国家権力を象徴する儀式でも利用され、一二世紀には合戦の訓練法に加えられた。相撲は時おり神社の儀礼の一環としてもおこなわれ、とくに干ばつのときには女性によって演じられた。神道の儀式の残滓を伝える相撲は、やがて直径一二尺の土俵上で、ほぼ全裸に近い巨漢の男が組み合う、独特の現代のスポーツへと進化した。これは現代社会の中で生き残るために変化を遂げた、伝統スポーツの一例である。

その他のアジアの素手の格闘技――太極拳と少林拳――はのちに柔道、空手、テコンドーへと発展した。しかしこれらは六世紀に発明された個人の護身術であり、近代になって初めてスポーツになった。同じ素手の格闘技に数えられるボクシングはそれよりも長い系譜を持っており、少なくとも古代メソポタミアにまでさかのぼる。例えば、シュメールの都市カファジャで考古学者が発見した前三〇〇〇年頃の奉納額には、レスラーやボクサーが登場する。エジプト第一八王朝（前一五七〇～前一三二〇年）の墓所で、調査員たちがボクサー、レスラー、棒術士の図像を見つけた。前一五〇〇年のクレタ島の装飾された飲酒用グラスには、戦闘用の兜とグラブを着用したボクサーが、両脚を宙に挙げて倒れ込んだ対戦相手のそばで、意気揚々と立つ姿が描かれている。二人の子どもがボクシングをしているティーラ島（ギリシア）の有名なフレスコ画は、同じ時代にさかのぼる。

古代ギリシア人がオリンピック大会にボクシングを採用したとき、相手を腕で抱えたり組み合ったりすることを禁止した。ただし倒れた相手を殴るのは許された。戦いはラウンド制ではなく、どちらかが敗北するまで続けられた。時おり、日没前に試合を終わらせようと、ボクサーはあえてガードをせずに、どちらかが倒れるまで交互に殴りあった。ボクサーは胴体よりも頭を狙い、拳には革紐を巻いた。アキレスはパトロクロスの葬送競技でボクシングの試合を提案し、エペイオスは記録に残る最古の「挑発の言葉（トラッシュ・トーク）」を発して、この挑戦に応じた。「これから言うことは必ずそのようにして見せる」とエペイオスは言った。「相手の肉を散り散りに引き裂いて、骨も砕いてやる。近親の者はみな、この場に控えているがよい。相手を始末したら、運び出さないといけないからな」。

一同はこの宣告を黙って聞いていたが、このときエウルュアロスが立ち上がり、闘う準備をした。だがエペイオスは挑発の言葉どおりの闘いぶりで、エウルュアロスに一撃を加えると、相手はもはや立っていられず、もんどりうった。それはあたかも「藻に覆われた砂浜から跳ね上がり、再び暗い水の中に落ちる魚のよう」だった。エウルュアロスの友人たちが周りに集まると、頭をかしげて意識がなく、血へどを吐いたエウルュアロスの「両足を引きずって」運んだ。エペイオスは賞品として「屈強な騾馬」を受け取った。

とはいえ、ギリシアの素手による格闘技でなによりも残忍だったのは、パンクラチオンである。人気も高く懸賞も多かったので、古代ギリシアのスポーツのうち、職業的な専門家が現れた最初のスポーツとなった。パンクラチオンはレスリングとボクシングを組み合わせたもので、噛むことや目をえぐることは禁止されたが、骨を折るのは許された。男たちは人差し指を宙に上げて降参するまで戦った。リュディアの旅人パウサニアスは、指を折ることを専門とする選手や、脚を摑んで脚の付け根から捻り回すのが得意な選手について記している。パウサニアスはまた、前五六四年のオリンピックの試合中に死亡したアルリキオンについて語っている。試合中、対戦相手がアルリキオンの背後から両

パンクラチオンで闘うヘラクレスとアンタイオス。紀元前6世紀後期の作（E. Norman Gardiner, *Greek Athletic Sports and Festivals,* London: Macmillan and Co.Ltd., 1910, p. 441）

足で締め上げたまま、手で首を絞めた。アルリキオンは相手の足の指を折り、相手はたまらず降伏した。不運にも、アルリキオンは勝ったと同時に死に絶えた。審判は彼の頭にオリーブの葉冠を乗せ、勝利を宣告した。

一八世紀から一九世紀初頭にかけて、アメリカの開拓地で栄えた「何でもありの闘い（ラフ・アンド・タンブル）」も同様であった。ルールはほとんどなく――といっても武器の使用は許されない――、闘う両者は罵りながら、どちらかが降参して諦めるまで、だれにも邪魔をされず、えぐり、頭突きをくらわせ、引っ掻き、首を絞め、蹴り、バラバラにし、とっ組み合い、殴り合う。いちばんの成果といえば眼球をえぐり出すことであり、そのために戦士たちは爪を研いで固めることも怠らなかった。戦場に散らばる眼球、耳、鼻。そんな壮絶な戦いの物語は「ファイティング・クリーク〔戦いの川〕」や「ガウジ・アイ〔目をえぐる〕」といった地名として残っている。なぜこんな凄惨な格闘がおこなわれたのか。それは、生き残るために闘争が必要だった危険なフロンティアの生活にある。また、階級の違い、家庭生活の欠如、また誇れるものが他にほとんどなかったことから、男性的な名誉を過度に誇りにしたということもあった。

アメリカのインディアンがおこなった球技は、非武装の戦いとスポーツにまつわる例をさらに加えるだろう。フロンティアの画家ジョージ・カトリン（一七九六〜一八七二年）は、一八三〇年代にチョクトー族の試合を観戦した。それによると、インディアンは二五〇ヤード〔約二三〇メートル〕の原野の両端に、長さ二五フィート〔約七・六メートル〕の真っ直ぐな棒を六フィート〔約一・八メートル〕間隔で立て、その上部に横材を渡してゴールにしていた。賭け事が盛大におこなわれ、夜通しダンスを踊ったあと、試合は朝に始まり、六〇〇〜七〇〇人ほどのインディアンが長さ一ヤード〔約九〇センチ〕のスティックを両手に持っていた。スティックの先には楕円形に曲がった輪が付いており、その輪に網が張られていた。彼らはボールを手で触れることなく、手に持ったスティックを使って、ゴールまで小さなボールを捕えては投げた。一〇〇ゴールが記録されるまで走り、跳び、吠え、土ぼこりをかき混ぜ、顔や脛を打ち、個人どうしの諍いも幾度となく繰り返された。そのあと勝者が賭けを要求し、一人残らずウイスキーを飲んで家に帰った。一七世紀のフランスのイエズス会がこの球技を「ラクロス」と名づけたのは、そのスティックの形状が司教の杖〔フランス語で「クロス」〕を連想したからであろう。この催しには娯楽、賭博、式典の要素が混じっていたが、インディアンはそれを身体訓練や体調を整える運動と見なしていた。このゲームはインディアンの言葉で「バガタウェイ」といった。訳すと「戦争の弟」である。

テクノロジーは武装した戦争を革新し、とりわけ弓矢の武器としての機能を高めた。台座に弓を直

開拓時代の画家カトリンによって描かれたラクロス（George Catlin, *Letters and Notes on the Manners, Customs, and Condition of the North American Indians*, vol. II, New York: Wiley and Putnam, 1841, p. 126）

角に据えたクロスボウは、一一世紀終わりの第一回十字軍の遠征のとき、短距離なら殺傷力が高いことがわかった。一三世紀には、ジンギスカンの恐るべきモンゴル騎兵が乗馬のまま使える短い複合弓〔複数の素材を張り合わせて性能を高めた弓〕を使い、東ヨーロッパとアジアを恐怖に陥れた。一四世紀のイングランドで使われた、かの有名な男性の背丈くらいに大きな長弓は、一ヤードの矢を放つと、一八〇メートル離れた甲冑を貫通するくらいの威力があった。一三四六年にはクレシーで、一四一五年にも再びアジャンクールで、長弓がフランスの騎士団を撃破した。長弓はとてもよく設計されていたので、一九三〇年代までスポーツ用の弓として使われた。

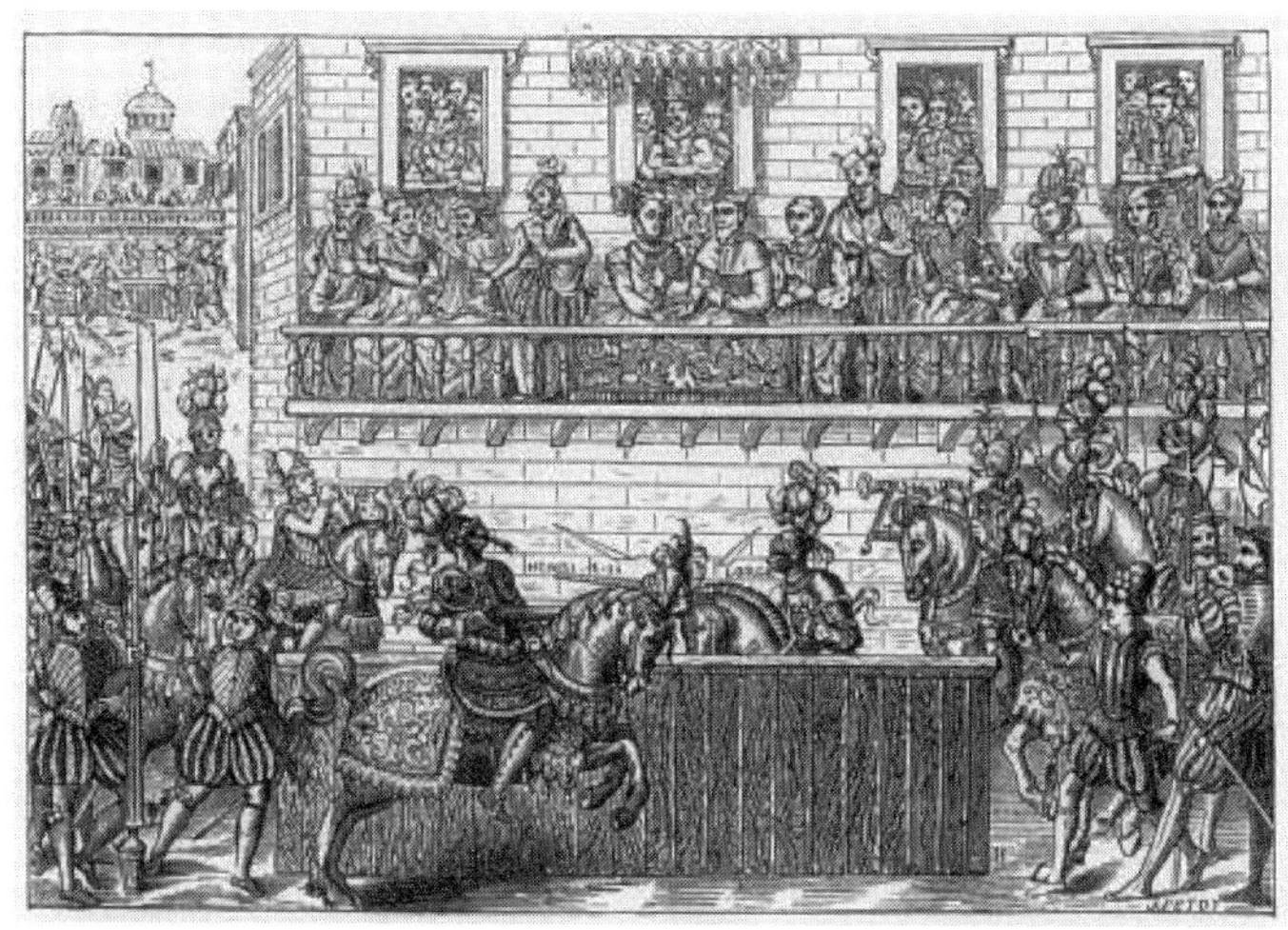

1559年にアンリ２世の親族の婚礼を寿ぐ祝宴でおこなわれた馬上槍試合で，アンリ２世の顔面に相手の槍が刺さった場面（Paul Lacroix, *Military and Religious Life in the Middle Ages and at the Period of the Renaissance,* London: Bickers & Son, 1870, p. 169）

騎士たちはトーナメントやメレ〔どちらも騎士の武芸競技〕で戦闘の腕を磨き、剣先を丸めた武器を使って互いに軍馬から打ち落とそうとした。模擬戦は長くおこなわれたが、危険も伴った。フランスのアンリ二世（一五一九〜五九年）は愛人を喜ばせようとジャウスト〔一対一でおこなう馬上槍試合〕に参加したが、これを契機に武芸競技の人気が大きく凋落した。というのも、アンリは試合中に相手の槍が面頬を破って眼窩に突き刺さり、まもなく息絶えたからである。剣の闘いは、剣士が顔に防具を付けて無傷のまま生き残れる、フェンシングという規律ある近代スポーツにやがて進化した。封建時代の日本では、傭兵の武士が怪我をしない竹刀を使って武術の訓練をし、武士の稽古法が最終的には一九世紀後半に剣道というスポーツとなった。しかしながら、そのような竹刀の訓練は戦争と密接に関連したと見なされたので、アメリカの占領期に禁止され、一九五〇年代まで復活できなかった。

したがって狩猟と並んで戦争は、伝統スポーツを生み出す極めて重要な影響であったように思われる。カトリックの神学者マイケル・ノバクは「人間という動物は好戦的な動物である。争いは、他の特徴に優るとも劣らない、人間関係に伴う真実であるといってよい。たとえ親密な間柄でさえも、争いはつきものだ。スポーツは争いを劇的にする」と主張した。こんにちでさえ、私たちが大切にしている、制御され抑制されたスポーツにおいても、その根底に戦士のような行動を垣間見ることができる。評論家たちはスポーツに「爆弾を投げる」「襲撃する」「電撃戦」などの軍事的な比喩を使いたがる。スニーカー会社コンバースが二〇〇三年に販売したシューズの名は、「ローデッド・ウェポン〔弾丸を込めた兵器〕」であった。

軍司令官もまた、兵士にスポーツの訓練を課す利点を痛感した。おそらくウェリントン公爵は「ワーテルローの戦いはイートンの校庭で勝ちとられた」と言ったことは一度もなかったのに、そのように固く信じられていた。ダグラス・マッカーサー将軍の口からも同じような言葉が語られており、ウエストポイントのアメリカ陸軍将校学校の体育館に掲示されている。「友好的な争いの場に／種をまいた／他の場所と他の日に／いずれ勝利の実を結ぶ」。戦争とスポーツのこうしたつながりは、人間の本質に関わる非常に基本的なもの――人間の種としての好戦的な特性と、その結果としての長い戦

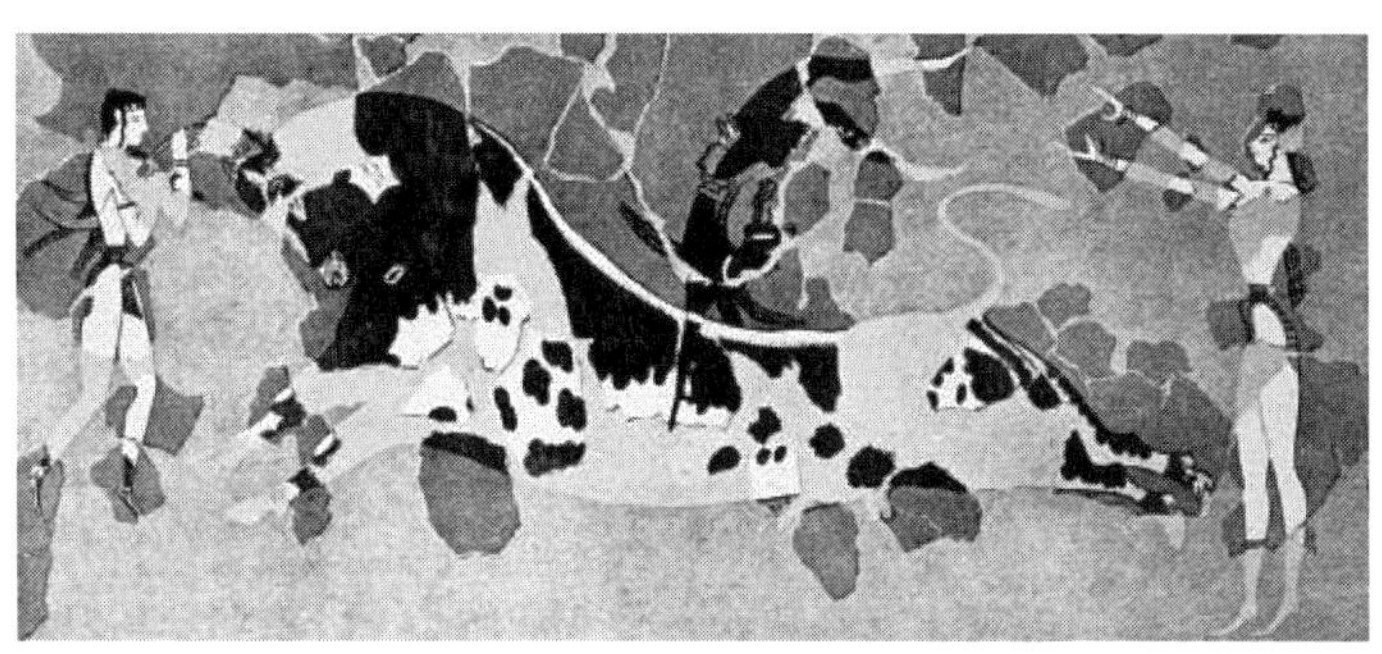

クノッソス宮殿の壁画に描かれた牛跳び（Royal Ontario Museum of Archaeology ed., *Bulletin of the Royal Ontario Museum of Archaeology,* Toronto: Royal Ontario Museum of Archaeology, 1932, No. 11, p. 12）

争の経験について明らかにする。文化的な造形物であるスポーツは、そうした特異性を反映している。とはいえ、スポーツにはさらなる影響があった。

◆宗　教

クレタ島のクノッソス宮殿の絵には謎が多い。野生の雄牛の背中を跳び越える、蜂のような腰つきをした男女が描かれた絵がある。ブーツを履いて、腰に布を巻き、笑みを浮かべた曲芸師が、牛の正面から角を握りしめている。牛が曲芸師を上方に放り上げると、いったん牛の背中に跳び降り、さらに宙返りして地面に着地する。この活動の意味はだれにもわからない。しかし牛の競技場は寺院に隣接しており、この牛のゲームはミノア文明（前三〇〇〇～前一〇〇〇年）と宗教にとって重要な位置を占めていた。曲芸のようなこの見世物は野生の雄牛を尊重する古い信念もさることながら、どうやら女神信仰の優位性を象徴していたようだ。

1530年頃にドイツの画家クリストフ・ワイディッツが描いたメソアメリカの球技（E. Michael Whittington ed., *The Sport of Life and Death: the Mesoamerican Ballgame*, London: Thames & Hudson, 2001, pp. 2-3）

同じく謎めいているのはメソアメリカ文明（前一四〇〇〜後一五〇〇年）の球技である。メキシコとグアテマラにわたるユカタン半島のジャングルには、マヤ文化（三〇〇〜九〇〇年）の産物である石造りの都市の遺跡が点々と存在する。大きさはまちまちだが、マヤの寺院群に多数のI字型ボールコートも散在する。インディアンはここで試合をし、重いゴムボールを打ち合って、中庭の壁の高いところに垂直に置かれたリングにボールを通過させようとした。しかもボールを打てる身体の部位は、腰か、太ももに限られていたのである。

残念ながら、マヤが先行する文化から継承したこの一〇〇〇年前のゲームについて詳細を記すのは、わずかな記録の断片だけである。この球技への言及はインディアンの創生神話と、一六世紀のスペイン人が書き残した『フィレンツェの絵文書』に限られる。これらの資料から、指導者たちが賭博や娯楽のためにこのゲームを利用したことはわかるが、規程集はどこにもない。詳細はなお不明であるが、次のような現代的な解釈もある。勝者こそが価値あることを証明できたのだから、敗者ではなく、勝者が神の生贄に捧げられた、と。もう一つ興味深いのは、競技場には観客のための空間がなかったことだ。したがってこれは「スタジアム」ではない。前近代のスポーツで客席を備えた運動施設を建設したのは、古代のギリシア人、エトルリア人、ローマ人だけであった。

古代ギリシア人のオリンピック大会では、宗教的な影響をもっとはっきりと確認できる。大会は神々のうち最強のゼウスに捧げられ、オリュンピアのゼウス神殿には、金、黒檀、貴石、象牙で作られた高さ一三メートルの神の像が腰かけていた。そして勝利の前兆を表す、羽根を広げたニケが、ゼウスの手のひらの上に立っていた。ゼウス像は古代世界の七不思議の一つに数えられたが、供物や祈りが捧げられ、オリーブで作られた勝利の葉冠は神殿で授与された。また、オリュンピアの敷地はちょうど豊穣の女神デメテルの聖なる木立に位置し、女神に仕えた女性神官も試合を見ることができた。女性でも観戦できたのは、この女性神官に限られた。ギリシア人はその敷地にゼウスの正妻ヘラの神殿を建設した。ヘラへの供儀がおこなわれたのは、オリンピック以外の期間、例えば少女の祭典競技であるヘレアの開催期間であった可能性が高い。

ギリシア人は他の地域でも、例えばポセイドンを祀るコリントのイストミア祭や、アポロを祀るデルフォイのピュティア祭のように、祭典競技を通して神々を称えた。アテーナー（工芸、戦略などを司った女神）にちなんで名づけられたアテネは、パナテナイア祭を祝福した。その土地ゆかりの祭りであったが、女神を称えるために音楽コンテスト、炬火競走、戦車競走、ガレー舟競漕、美男比べがおこなわれた。ローマ人はギリシアの征服後、さまざまなギリシアのスポーツを吸収したが、こんどはローマの神々に対して競技を捧げた。戦車競走の祭神もユピテル〔ローマの主神〕に替わった。皮肉なことに、一一〇〇年後、オリンピック競技大会を最終的に終わらせたのは、もう一つの宗教であった。キリスト教に帰依したローマの皇帝テオドシウスが、従来の競技を異教のものと見なして三九三年に終結させたのである。

イスラム教もまたスポーツの発展を妨げている。イスラム文明の創始者ムハンマド〔五七〇～六三二年〕は軍事訓練や気晴らしのために、ランニング、レスリング、弓術、乗馬、槍術、水泳、とんぼ返りなどをおこなうことを認めていた。しかし、これらの運動を宗教上の義務よりも優先するようなことはなかったし、イスラム教の教育制度の中に学校体育を導入することもなかった。ラマダンの聖月は日中に飲食を断つ必要があるが、このイスラム教の命令にいまなお一二億人が従っている。むりに栄養を摂らないことは運動選手に負担を強いるように思われるが、ナイジェリアのイスラム教徒アキーム・オラジュワンは断食を固く守りながらも、ヒューストン・ロケッツでプロバスケットボール選手としてプレーした。彼は「宗教は人を助けるんだ。何も奪わない。宗教はぼくのゲームを高めてくれるんだ」と語った。一九九七年オラジュワンの一試合あたりの平均得点は、ラマダンの期間中に三ポイント上昇した。

イスラム教にはまた素肌への抵抗もある。女性ならベールで身を包み、隔離される。男性でも膝を見せてはならない。もちろん同じイスラム教のあいだでも宗派の違いによってさまざまな違いがあるが、信仰の力には目をみはるものがある。陸上競技選手のハシバ・ブールメルカは、一九九一年にアルジェリア人として初めて世界選手権を制したが、母国ではイスラム教の聖職者から「男性の前で素脚を見せて走る」ことを非難されていた。彼女は殺害の脅迫から逃れるためイタリアで練習を重ね、護衛を雇い、三八口径のピストルを持ち歩いていた。ブールメルカは一九九二年のオリンピックの一五〇〇メートル走でもアルジェリアに金メダルをもたらした。一九九六年のカヤック大会のとき、イランの女性がからだを隠すように作られたフード付きのローブを着たまま練習した。動きを妨げる衣服を着て競技をおこなうのは容易でなく、その衣服のせいで五〇〇メートルのコースを漕ぎ切るのに一〇秒遅れてもやむをえない。彼女のコーチはそう認めざるをえなかった。二〇〇〇年にアフガニスタンの都市カンダハールでは、こんなことがあった。イスラム原理主義の一派タリバンがパキスタンとのサッカーの試合中に割り込み、短い丈のパンツを着用した罪で、同じイスラム教徒のパキスタン人選手一二人を逮捕した。選手は罰としてタリバンに頭を剃られたうえ、一人残らず本国へ送還されたのである。概していえば、ムスリムの世界はスポーツよりも宗教を重んじるため、世界チャンピオンの数やスポーツの歴史においてあまり貢献できていない。

もう一つの世界宗教であるキリスト教は、長い時代の流れの中で、スポーツの活動を支援することもあれば弾圧することもあった。中世のヨーロッパでは休日になるとボーリングやサッカーに似たさまざまな球技が、教会の敷地でもよくおこなわれていた。フランスの修道士は回廊に張られたロープ越しに、小さなボールを手で打つゲームを楽しんだ。手のひらから、手かきのついた手袋、さらにラケットへと進化した過程は、テニスやラケットゲームがどのように誕生したのかをよく物語っている。

イタリア人はその一方で競馬の予定を聖日に組み込んだ。

ところが宗教改革後、ピューリタンが隆盛した一七世紀のイングランドでは、ピューリタンの治安判事が、神の栄光に資するものでないかぎり、あらゆる娯楽を弾圧した。彼らは、スポーツには価値がなく、怠惰は罪だと考えたのである。ピューリタンはのちにアメリカの一部となるニューイングランド地方に入植し、大西洋の向こう側にも抑圧的な考え方を伝えた。平日は仕事の日であり、日曜日は朝から晩まで礼拝の日であった。違反者は罰金を科され処罰を受けた。例えば初期のプリマス植民地の歴史をみると、新しく到着した集団が一六二一年のクリスマスに古い打球技であるスツールボールをおこない、道路で丸太を投げてあそんだ。憤慨した植民地の総督はそれらのあそびを止めさせ、野原で働くか、自分の家で祈りを捧げるか、どちらかにするよう彼らに迫ったのである。

一六六〇年にイングランドは王政を復活して、ピューリタンの厳格さは後退したが、宗教的な理由でスポーツを受け入れない態度は、一九世紀のヴィクトリア朝の道徳の中にも残りつづけた。アメリカの第二代大統領になる、マサチューセッツ州のジョン・アダムズ（一七三五〜一八二六年）は、「私は毎日をスポーツや気晴らし、楽しみで過ごすために、この世に送られてきたわけではありません。仕事と勉強のために生まれてきたのです」と主張した。皮肉なことに、福音主義のプロテスタントは一九世紀も後半になると、こんどはスポーツを神の意志の適切な表現として受け入れるようになり、宣教師たちが近代スポーツを世界中に広めていった。しかしながら、日曜日には労働はむろん、人々が集まる娯楽やスポーツもしてはならないというピューリタンの頑なな考え方は、地域の「厳格な法律（ブルー・ロー）」

〔日曜日の営業、飲酒などを制限する法律〕にも支えられて、二〇世紀後半になってもなお絶えることはなかった。

現在でも宗教の痕跡がスポーツに残っている。敬虔なクリスチャンであれば、一人のアスリートとして十字を切ったり競技場で祈りを捧げたりする。アメリカであれば、スポーツ親善大使（一九五二年〜）、クリスチャン・アスリート・フェローシップ（一九五四年〜）、アスリート・イン・アクション（一九六六年〜）といった団体が運動競技を利用してキリスト教を広めている。ブラック・ムスリムの信仰を告白しているアスリートの集団も、少数ながら存在する。ユダヤ系のアスリートの中には、とくに一九三四年のハンク・グリーンバーグや一九六五年のサンディ・コーファックスのように、贖罪の日に野球をプレーすることを拒否する者もいる。一九七〇年代に、マイアミ・ドルフィンズ対アトランタ・ファルコンズのアメリカンフットボールの試合前に、コールマン・F・キャロル大司教は祈禱の中で「私たちは時おり激しい悲しみにブリッツ〔一部の防御側選手が攻撃側に突進する戦術〕を仕掛けられたり、悪魔にレッド・ドッグ〔クォーターバックに突進するプレー〕されたりすることがあります。天使と聖人がサイドラインに並んで私たちを応援している天国の門を、いつの日にか、本当にタッチダウンできるように、私たちの人生において正しいパターン〔予定された走りのルート〕を走れるよう、どうか教え給え」と祈りを捧げた。米連邦最高裁判所は一九六二年に公立学校での祈りを禁じたとはいえ、試合前の祈りはアメリカでは珍しくなかった。しかし一九八〇年代から九〇年代にかけて、多元的な社会では不適切と考えられるようになり少しずつおこなわれなくなった。二〇〇〇年に米連邦最高裁判所は、高校のフットボールの試合前に学生主導の祈りを禁止した。

それにもかかわらず、宗教的な情熱を伴う華美な催し物がオリンピックの祭典でおこなわれている——旗、音楽、花火、放鳩、パレード、選手宣誓、聖火リレー。象徴的な火を灯すことで終わる聖火リレーは、一九三四年に導入された。スポーツ大会のハーフタイムや、シーズンの終わりに優勝を決める試合のときには、着飾った人々が登場するショーがおこなわれる。学校でも、さまざまな儀式、つまり忠誠心を表すロゴ、校歌、応援歌、ホームカミングのような特別な日を設けているところがある。ほかにも信者の情熱的な献身がある。カトリックの神学者マイケル・ノバクは、アメリカにおいてスポーツは自然な宗教、信心の一形態——「説明できない信仰、根拠がない愛」——であり、それを人々が感じて理解するか、しないかであると主張した。ノバクは「人間の生命の本質は敗北、つまり死です。スポーツの勝利は、死を超越した優雅さ、敏捷性、完璧さ、美といった儀式的な勝利なのです」とし、そして「人は仕事のためにプレーするのではなく、卓越性のためにプレーするのです。卓越性の意味は、意味がないことです。暗黒に対抗するためには、これしか方法がありません」と語った。

社会学者やジャーナリストは、西洋の宗教とスポーツに同様の特徴を指摘している。一九八四年に『アンティオック評論』誌に寄稿した仏教学者チャールズ・S・プレビッシュは、この問題を要約した。

要するにこうだ。スポーツがその支持者に究極の体験をもたらすとする。そしてこの（追求と）体験が、スポーツの信奉者から崇められる象徴的な言語と空間をもった、公私にわたる一連の儀礼のうちに表れているとしよう。その場合、スポーツ自体が宗教であると見なすことが適切であり、また必要なのである。

宗教は人間存在の始めからスポーツ行事に影響を与えてきた。一つはスポーツ行事にいかなる契機を与えるか、もう一つはスポーツをいかに実施するかに対してである。現代の世界では、スポーツそのものが宗教と見なしうるのに、伝統的な信仰を持つ多くの人々はそのようには考えず、神への冒涜とさえ考えているのは皮肉なことだ。

◈観る楽しみ

スポーツに参加する喜びやスポーツを観る楽しさは、伝統スポーツにも存在した。とはいえ、一九世紀以前において、観衆と競技者がどのような関係であったのか、あるいは観衆は一般的にどんな様相であったのかについては、あまり知られておらず、わずかな記録しか残っていない。ニネベの寺院の壁のレリーフには、アッシュル・バニパル王（前六六九〜前六四〇年）が狩りをし、その姿を見て興奮するアッシリアの貴族が描かれている。エジプトのカルナックでは、アメンヘテプ二世の業績について「陛下は、全土の面前でこの偉業を成し遂げた」と花崗岩の碑文に刻まれているが、「全土の面前で」というのは「貴族と軍人の面前で」という意味である。エジプトのメディネト・ハブには、前一一六〇年の装飾された壁があり、戦争の捕虜と戦うエジプト人を表した一〇組のレスラーにつづいて、観覧席に控える貴族と外国の高官が生き生きと描かれている。クレタ島のクノッソスのフレスコ画（前一五〇〇年）にも大勢の観客が描かれており、儀式の演技を見ていた。

ギリシア人、エトルリア人、ローマ人が大規模な娯楽を上演するためにスタジアムを造った。古代オリンピック大会では、主催者のエリスがオリュンピアから伝令を派遣する伝統があった。伝令は、見物人が目的地まで移動できるように設けられた一～三カ月間の休戦と、大会の時期とを告知した。告知された期間は、競技者や観戦者の安全な通行を確保するために、戦争、法的紛争、処刑はすべて禁じられた。会場は地方にあったので、主催者は食糧、水、キャンプの設備を提供しなければならなかった。一世紀のストア哲学者エピクテトスは当時の旅程について語っている。

人生には厄介で面倒なことがたくさんある。オリンピックの祭典でも似たようなものだ。厳しい暑さで焦げつきはしないか。群衆の中で押しつぶされやしまいか。からだをきれいに洗えるだろうか。雨でびしょ濡れにならないだろうか。騒音、喧騒、その他の面倒で悩まされはしないだろうか。けれども、これから始まる、人の心を魅了する見世物のことを考えると、君も十分にがまんできると思うし、実際、これらの苦難もすべて喜んで耐えられるように思われる。

ギリシアの風刺家で作家のルキアノス（一一七〜一八〇年）は、観衆の興奮を説明した。

もしも今オリンピックが開催されていたら……どうして僕たちが運動競技をことのほか重視しているのか、君も自分の目で確かめることができるだろう。オリンピックから派生する喜びを……言葉だけで説明できる者はだれもいない。観衆の中で座り、その目をじっと凝らして、競技者の優れた腕前とスタミナ、身体の美しさと力、信じられない機敏さと技能、無敵の強靭さ、勇気、野心、持久力、粘り強さを見れば、君もきっと楽しめるだろう。君もそれを称賛することを……やめないだろう。

ローマの指導者たちは、仕事がなくて、暇を持て余している大勢の都市住民に対して、戦車競走、猛獣との闘い、血を流す剣闘士の格闘といった楽しい「キルクス」の祭典を提供した。このような祭典は、平均寿命がわずか二五歳であった時代において、ローマ帝国がいかに好戦的であったかということや、暴力がいかにあまねく行き渡っていたかということを映し出していた。白、赤、緑、青の色で指定された戦車チームは、ファンの忠誠心、組織的な応援、賭博を惹きつけた。歴史家アンミアヌス・マルケリヌス（三三〇〜三九〇年）はこのように書く。

それではこの大勢の人々について説明しよう。彼らには仕事がなく、それゆえ有り余る時間がある。

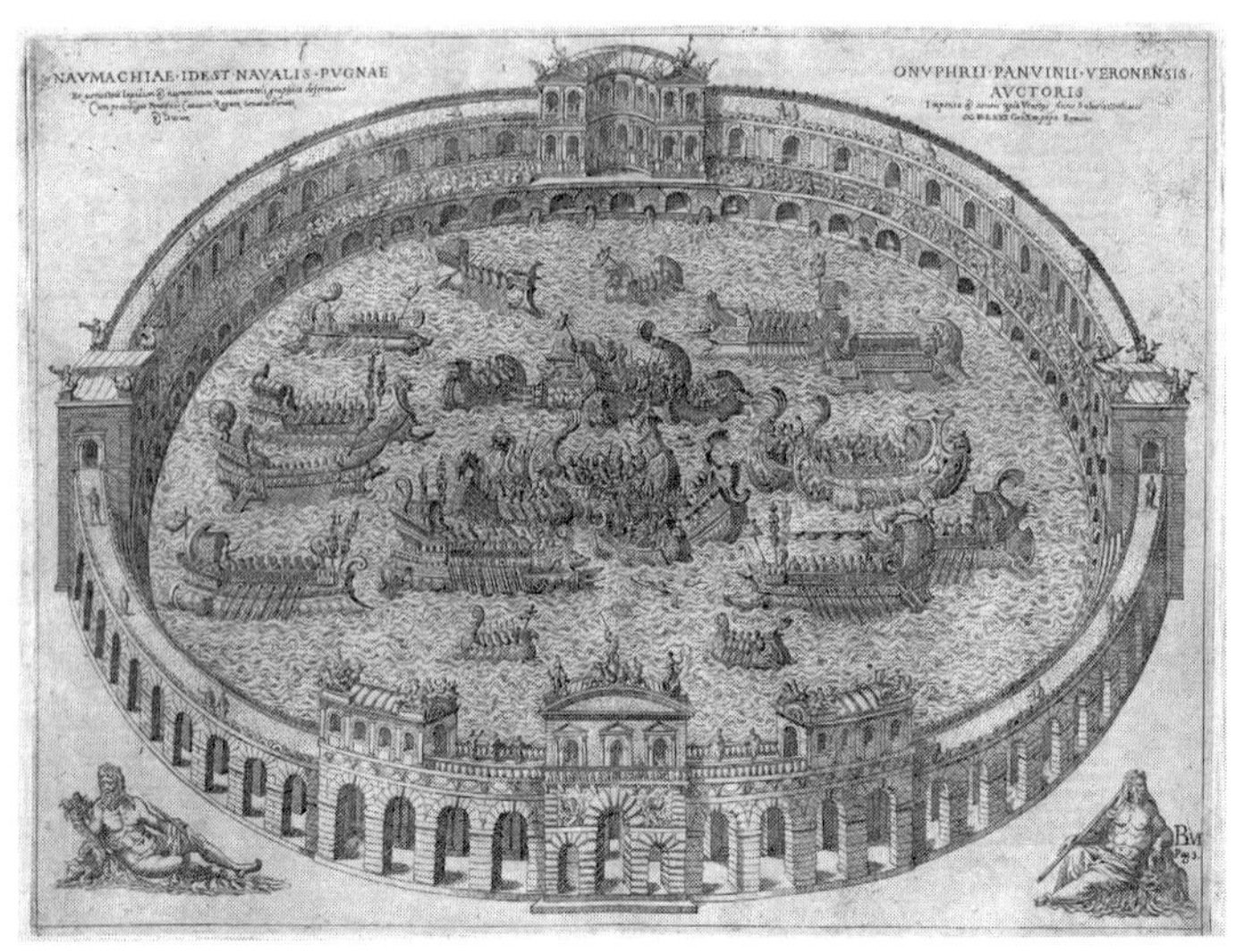

近くの川から水を引いておこなわれた海戦。建物の観覧席には大勢の観衆がいる（Onofrio Panvinio et al., *Onvphrii Panvinii Veronensis, De lvdis circensibvs libri II; De trivmphis liber vnvs: quibus vniuersa ferè Romanorvm vetervm sacra ritvsq. declarantvr, ac figuris aeneis illustrantur,* Venetiis: Apud Ioannem Baptistam Ciottum Senensem, 1600, pp. 2–3）

> 彼らにとってキルクス・マキシムス（ローマの戦車競技場）は寺院であり、家庭であり、社交の集まりであり、あらゆる希望の中心である。町の向こうでは、彼らが競争について言い争っているのが見える。……今度の競争で彼らの贔屓が負けることにでもなれば、この国は滅びると宣言する。当日になると、彼らは観戦する場所を確保しようとして、まだ夜が明けないうちから急いでキルクスに行く。

時おり群衆が、倒れた剣闘士の運命に決着をつける手助けをすることもあった――加減しろという意味で親指を立てたり、殺せという意味で親指を下に向けたりして。しかしローマの公開競技会は、おもに大衆向けの娯楽であり、主催者の政治的な人気取りのためのものだった。女性がスポーツを観たり競技会に参加することが許されたかどうかは、いろいろな例があった。ローマでは男性に交じって女性も席で観覧した。女性の剣闘士もいたが、闘技者や観衆は概して男性であった。オリンピック競技やコンスタンティノープルの戦車競走では、女性は観衆としても競技者としても正式に除外されていた。しかし中世後半のヨーロッパでは、騎士の武芸競技が規則のある模擬戦として発展するのに伴い、上流階級の女性の観戦者が騎士道の対象になった。ただし武芸競技の観衆の数は、多く見積もっても二〇〇〇人以下であった。

ファンの暴力も知られないではない。アメリカ・インディアンのラクロスは、穏健な例である。地元の女性たちは男たちを木の枝で叩いて全力で闘わせようとした。どうして女性がかくも熱心に応援したのかといえば、試合の結果に家庭用品を賭けていたからであった。ビザンチン帝国には衝撃的な例がある。ユスティニアヌス皇帝（四八二〜五六五年）が惹き起こした悪名高い「ニカの反乱」である。五三二年に皇帝はコンスタンティノープルの戦車競技場で、武装したファンを制圧しようとした。それはやがて皇帝を打倒しようとする動きに発展したが、失敗に終わる。最終的に町は焼けただれ、ユスティニアヌスの兵士は反体制派三万人をスタジアムに追い込んで虐殺した。このような遠い出来事はファンの行動をたまたま写し取った「スナップ写真」を提供するだけだが、ファンの暴力に関するもっと多くの知見については、二〇世紀半ばの「フーリガニズム」の社会学的研究によって明らかにされている。

◆地　理

数は少ないが、地理学者の中には、さまざまなスポーツの場所とその影響について追究する者もいた。彼らの関心はもっぱら現在の西洋のスポーツに集中していたが、スポーツ活動に関わる場所や空間の問題は前近代のスポーツにも当てはまる。視野を大きく広げると、地理的な傾向は明らかである。氷と冬のスポーツは、湖に氷が張り、雪がたくさん降り積もる寒冷地で発達した。水上スポーツは、熱帯の島々や、地形や気候の恵まれた海岸線があるところでおこなわれることが多い。暑くて乾燥した砂漠の気候は、肌を見せないよう注意が求められた。ギリシアの歴史家で放浪者でもあったヘロドトス（前四八五〜前四二五年）は、中東の人々はからだを覆い隠したままであり、ギリシア人とは違い、裸は恥ずべきことだと考えていたと書いた。これはおそらく気候による必然的な結果である。しかし古代エジプト人がナイル渓谷の砂漠の暑さの中で、同じような規制をどうやら持っていなかったことは注意しておいてよい。

視野を小さく狭めてみても、特定の場所について地理的な考察をおこなうことができる。例えばマヤ人とミノア人であれば、球技場や牛の競技場を寺院の近くに設けた。ギリシア人なら、「ポリス」に相当する都市には例外なく、知的・身体的な訓練のために用意した広い空間を備える必要があると考えていた。ギュムナシオンと呼ばれたその空間は、木々、広場、水道、会議室のある建物をもった近代的な都市公園に見立てることができる。アテネにはそうしたギュムナシオンが三カ所あった。ギリシアの偉大な哲学者――ソクラテス、プラトン、アリストテレス――が会話をし、学校を設立したのはまさにそうした場所か、その近くであった。ギリシア人は心とからだの調和を信奉しており、知的訓練と身体的訓練は同じ場所でおこなうことが適当であると考えていたのである。汎ヘレネス競技会のうち少なくともデルフォイとオリュンピアの二つは、田園地帯の聖地にあった。とはいえ、デルフォイは実際には山岳地帯に位置し、人生の助言や予言を提供することで有名なアポロン神殿はその斜面に建っていた。したがってデルフォイのスタジアムと競馬場は、寺院から少し離れた、ほどよい平らな土地のある場所に建設されていたのである。

エトルリア人は首都の中にキルクス・マキシムス、すなわち戦車競走用のスタジアムを建設した。ローマ人がエトルリア人を征服すると、そのキルクスを大幅に拡張した。二〇万席を擁する三層の円形大競技場は、近代以前では最大のスタジアムとなり、西暦八二年に完成した五万席のコロセウムとともに、ローマの中心地でひときわ威容を放った。そうした競技場は古代ローマの生活においてスポーツ観戦がいかに大切であったかを示すものであり、現にコロセウムの遺跡はこんにちの観光客に対してもローマ帝国の栄光を象徴している。ローマ各地の長官は地方でもスタジアムを建設することが期待されていた。ローマ帝国の東方地域を継承したビザンチン帝国のコンスタンティノープルでは、半島の先端近くにある、宮殿などが集まった敷地のすぐそばに大競馬場があった。戦車競走用の大競馬場は約五万人の観衆が入る空間を備えており、走路の中央に「脊柱」と呼ばれる石塔が建てられて

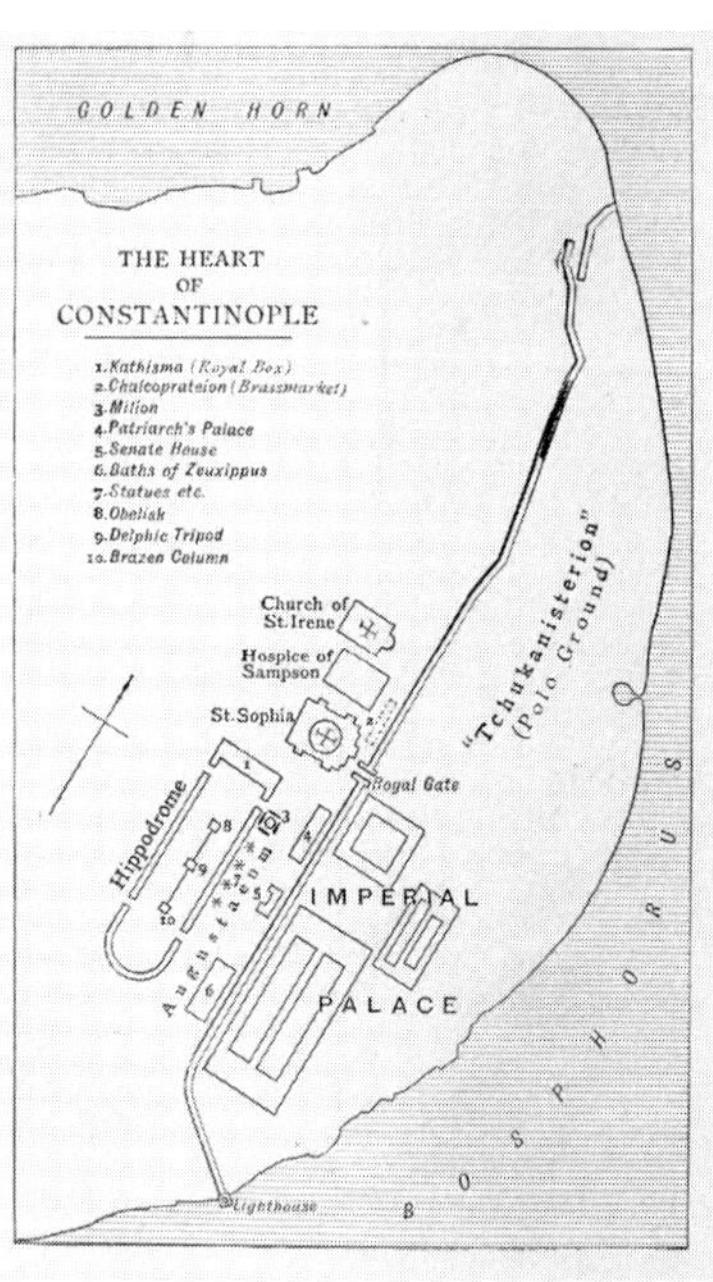

コンスタンティノープルの王宮周辺の地図。左側の細長い半円形の建物が大競馬場。右側の海岸に面した広い空き地がポロのグラウンド（C. W. C. Oman, *The Story of the Byzantine Empire,* New York: Putnam, 1892, p. 20）

いた。大競馬場では庶民が皇帝を謁見することができ、処刑がおこなわれ、演劇が上演され、また人気のある戦車競走がおこなわれた。大競馬場は帝国の中心であり、また帝国の「脊柱」でもあり、さらにニカの反乱が始まった、民衆の鼓動がどくどくと波打つ場所でもあったのである。

近代スポーツが登場するまで、大観衆が座れる席を備えた巨大なスタジアムはヨーロッパ以外では建設されず、アジア、アフリカ、北米、南米には存在しなかった。伝統スポーツは、スタジアムではなく、手ごろな場所でおこなわれた。アメリカ・インディアンは森の中の開けた場所で、サハラ以南のアフリカのレスリングは市場で、中世ヨーロッパのトーナメントは城砦で、日本の相撲は神社でおこなわれたのである。

◆エロス

エロティックな側面からスポーツを捉えようとするのは禁忌であろうが、それでも否定することはできない。スポーツ史の名高い作家の一人アレン・グットマンは、スポーツの喜びには人と人とを互いに引きつけ合う性的な力、つまりエロスが多少なりとも関係していると主張した。彼はポルノグラフィーをエロティシズムからいくら切り離そうとしても難しいとあっさりと認めたうえで、このように助言した。「エロティックなものとポルノ的なものを区別する客観的な基準を見つけ出そうとしたことが、終わりのない論争、感情的な対立、立法上の手詰まり、無駄なこだわり、割れた判定を生んできたのだから、定義を試みる袋小路から抜け出すいちばん良い方法は、すなおに主観を認めることであるように思われる」。つまり一人ひとりが自分で決めればよい問題なのである。

芸術に関していえば、古代エジプト人やギリシア人は肥満を拒み、ギリシア人は彫像の理想的な男性像としてアスリートを選んだ。アテナイ人は裸体に抵抗がなく、交易用の陶器に活き活きとしたアスリートの裸体を描いた。オリンピックの参加者は裸のままで競技をした。伝説によると、前七二〇年にオルシッポスという名の走者が競走の途中に腰布が外れてしまい、裸の方が他の男よりも速く走れることに気づいた。このあとスパルタ人と同じように、全員が服を脱ぐようになったといわれる〔異説あり〕。女性は試合を観ることが許されなかった。しかしこれは、貴女の上品ぶった振る舞いのためではなく、そもそも女性は社会の表舞台から遠ざけられていたからであったようである。ただし、プルタルコスによると、スパルタの伝説的な立法者リュクルゴスだけは例外であった。

リュクルゴスは、処女のからだを、競走、レスリング、円盤投げ、槍投げで逞しくさせ、彼女らの子孫が強靭なからだで強靭な腹の中で育つようにし、また出産の時にも耐えられる忍耐力や力強さを養い、苦痛に対してうまく立ち向かえるようにした。リュクルゴスは、女たちから優しさ、繊細さ、女らしさをことごとく拭い去り、少女にも観衆の若い男の面前で例の宗教的な祭りで踊り歌うことや、少年と同じように裸で行進することに慣れさせた……

プルタルコスによると、そのような習慣が結婚を促したともいう。状況を考えると、おそらくその通りだろうが、ギリシア時代を除くと、エロスとスポーツのつながりが歴史的な文書に記録されることは珍しい。プラトンは『饗宴』で同性愛の試みに言及しており、レスリングの試合でソクラテスを誘惑しそこなったことを記している。ポンペイの遺跡を発掘した考古学者が剣闘士の兵舎で貴婦人を発見したように、ローマで成功した剣闘士は名家の女性を魅了したことが知られている。アフリカのヌビアの男性はレスリングをして優れた能力を証明し、女性を惹きつけようとした。インド南部のタミル族の男性は、雄牛を地面に投げつけていかに男らしいかを証明しようとし、女性はその難題をやり遂げた男性の中から伴侶を選ぼうとして囲いの柵のところに勢ぞろいした。一八世紀ヨーロッパのスモック競走では、肌着の格好をした下層階級の女性が、衣服に加え、場合によっては夫も目当てに走ったのである。

スポーツにおけるエロティシズムは現代なら容易に見つけることができる。例えばボディビル大会の現象や、レニ・リーフェンシュタールが一九三六年のオリンピックを撮影した有名なスポーツ映画のように。「（ダイビングの）連続シーンや映画自体の審美的な側面を、エロスとは無関係のごとく賞賛するのは、あまりにも単純化しすぎている」とグットマンはいう。「『オリュンピア』ほどエロティックなスポーツ映画はほかにはない。映画という形にした愛の告白というものがあるとしたら、これがまさに当てはまる」。スポーツにおけるエロスは無視されてきたとするグットマンの主張は、もっともである。グットマンも認めるようにエロスは、伝統スポーツに対する唯一の影響とはいえないまでも、軽視すべきものではない。

結　論

なによりも人間に運動への衝動が生まれつき備わっていなければ、スポーツは存在しないであろう。伝統的なスポーツに一定の形式や様態を与える二次的な影響――労働、戦争、宗教、観る楽しみ、地理、エロス――のうち、最も重要なのはおそらく戦争である。とはいえ、その他の要素も、その程度には濃淡がありながらも、スポーツに影響を与えた。近代に入ると、第三の強力な影響によって、スポーツの進化が展開するようになった。

さらに読み進む人のために

Roger Bannister, *First Four Minutes* (London: Sportsmans Book Club, 1956).

Eliot J. Gorn, "The Social Significance of Gouging in the Southern Backcountry," in Steven A. Riess (ed.), *Major Problems in American Sport History* (Boston: Houghton Mifflin, 1997), pp. 62-70.

Allen Guttmann, *The Erotic in Sports* (New York: Columbia, 1996).〔アレン・グットマン著、樋口秀雄訳『スポーツとエロス』柏書房、一九九八年〕

Allen Guttmann and Lee Thompson, *Japanese Sports, a History* (Honolulu: Hawaii, 2001).

Bernd Heinrich, *Racing the Antelope* (New York: Harper Collins, 2001).

Homer, *The Iliad,* trans. E. V. Rieu (Middlesex: Penguin, 1950).〔ホメロス著、松平千秋訳『イリアス(上・下)』岩波書店、一九九二年〕

John Jerome, *The Sweet Spot in Time* (New York: Touchstone, 1980).

Benjamin Lowe, *The Beauty of Sport* (Englewood Cliffs, New Jersey: Prentice Hall, 1977).

Michael Novak, *The Joy of Sports* (New York: Basic Books, 1976).

Vera Olivova, *Sports and Games in the Ancient World* (New York: St Martin's, 1984).〔ベラ・オリボバ著、岸野雄三監修、阿部生雄・高橋幸一訳『古代のスポーツとゲーム』ベースボール・マガジン社、一九八六年〕

Charles Prebish, "Heavenly Fathers, Divine Goalie: Sports and Religion," *Antioch Review,* 42 (1984), pp. 316-318.

Karl B. Raitz (ed.), *The Theater of Sport* (Baltimore: Johns Hopkins, 1995).

George Sheehan, *Running and Being* (New York: Simon and Schuster, 1978).

George Sheehan, *Personal Best* (Emmaus: Pennsylvania: Rochdale Press, 1989).

Judith Swaddling, *The Ancient Olympic Games* (Austin: Texas, 1980).〔ジュディス・スワドリング著、穂積八洲雄訳『古代オリンピック』日本放送出版協会、一九九四年〕

第2章　近代スポーツの誕生

近代スポーツが生まれたのはちょうどイギリスやアメリカで産業革命が進行し、社会が劇的に変動するころだった。スポーツの研究に取り組みはじめた二〇世紀の学者たちもこの誕生に気づき、この誕生を分析して、そのうち何が最も重要な活動であったのかを見きわめようと試み、また各競技にそれぞれどんな歴史があったのかを追究した。この章ではおもにそうした努力の足跡を辿っていく。

◆前近代のスポーツと近代スポーツ

伝統スポーツまたは前近代のスポーツと、一九世紀から二〇世紀に誕生した近代スポーツを比べると大きな違いがある。例えば、アメリカ・インディアンがおこなっていたラクロスと、現代の学生がおこなうラクロスを比べてみよう。インディアンはフィールドに何百人も集まって、両手に一本ずつスティックを持ちながらボールを奪い合った。現代のルールでは、男性なら一チーム一〇人、女性なら一チーム一二人に人数が制限され、スティックは一人一本に限られる。インディアンは、双方のゴールが二五〇ヤード〔約二三〇メートル〕も——数マイルという報告もある——離れている手ごろな自然の広場でプレーしたのに対して、現在のフィールドは最大一〇〇ヤード〔約九〇メートル〕である。インディアンはラクロスといえば直ちに宗教や戦争に結びつけたが、そうしたつながりは、こんにちでは切り離されているとまでは言えないにしても、目立つことはない。インディアンにとってラクロスは男性中心の競技であったのに対して、こんにちでは男女とも試合に参加する。伝統的なラクロスと近代のラクロスには類似する点もわずかながらあることは確かだとしても、ルール、競技場、用具、動機、ジェンダー、試合日程、記録、プレーヤーの社会階層などの点で大きな隔たりがある。

イングランドの社会学者ノルベルト・エリアスとエリック・ダニングや、アメリカの歴史学者アレン・グットマンも、こうした新旧のスポーツの違いについて著書で指摘した。ユダヤ系ドイツ人であるエリアスは母親を第二次世界大戦中にアウシュヴィッツのナチスの死の収容所で亡くしており、当然のことながら暴力の本性という問題に没頭した。彼は問いかける。

世界中のほとんどどこでも、大勢の人々が個人間やチーム間でおこなわれる身体的な競技に参加し、または観戦して楽しみ、しかも競技者には流血もなければ大きな怪我もない。そんな競技から生じる緊張や興奮を追い求める社会とは、いったいどんな社会なのかと問いかける者もいるだろう。

人々は学習を通して感情や攻撃性を徐々に抑制するようになるという「文明化の過程」の理論を、エリアスは発展させた。彼はボクシングを例にあげながら、グラブの使用や体重制などのルールが選手を保護し流血を抑えるために採用された、との見方を示した。エリアスの門下で同僚でもあるエリック・ダニングはエリアスの研究を援用しながら現代の観衆の暴力について研究した。
アレン・グットマンは『儀礼から記録へ』(一九七八年)において、近代スポーツの特質に関する分析をさらに推し進めた。すなわち近代スポーツは、世俗主義(非宗教的)、平等(参加者に等しい規則)、官僚化(組織的管理)、役割分化(ゲーム中の特別なポジションや役割)、合理化(効率的な技能に必要な訓練とルール)、数量化(数値による測定の強調)、記録の管理(持続的な改善の思考)といった特質を備えるとした。歴史家のメルヴィン・L・アデルマンとスティーヴン・A・リースは、このリストに宣伝や告知の活用といった項目も加えた。グットマンらの考え方は、現在のところ、スポーツ史研究者のあいだで幅広く受け入れられているが、これは近代化論を分析の枠組みとして利用することが妥当であることを示している。

しかしながら、スポーツがこのような特質を持つに至った背景には、伝統的なスポーツから近代スポーツへの転換を、推進したとは言えないまでも、可能にした、社会変動の力があった。産業革命(一七七五年以降)の進展とともに、世界の人口は激増した。大量生産にはグローバル経済に見合う大量消費市場が必要であった。産業革命は、工場都市が成長するのを促したばかりか、より少ない労働力で、より多くの食料を生み出せる、農業上の技術革新をも生み出した。そのため田舎から都市への大規模な人口の移動が可能となり、人口の移動に拍車がかかった。

産業革命が始まったとき、世界の都市圏に占める人口は約三%にすぎなかった。産業革命を先導し

フランス南部の都市ベジエを通過するツール・ド・フランスの選手たち（*Le Miroir des sports,* 21 juillet 1934, No. 779, p. 134）

たイギリスは、一九〇〇年に人口の半分が都市に住む最初の国になった。アメリカがその水準に達したのは一九二〇年であり、世界の都市人口はいまや五〇％になろうとしている。産業の成長という現象は、人々、わけても中流階級や上流階級がより多くの所得と余暇を持つことを意味した。都市の成長は、気晴らしや娯楽を不可欠とするわけではないが、大いに歓迎する、人口の密集地が生まれることを意味した。これはスポーツの発展史において新しい局面をもたらした。

テクノロジーと合理化、つまり工業生産に応用される知識はスポーツにも影響を及ぼした。例えば一八三九年に発明されたゴムの加硫は自転車のゴム製ホイールを生み出し、最終的にはこんにち使用されている空気入りタイヤにつながった。一九世紀後半に自転車が合理化されたことにより、スポーク型ホイール、菱形のフレーム、チェーン駆動、変速ギアが開発され、大量生産のおかげで値段も中流階級に手が届くところまで安くなった。運転する人のエネルギー消費量という点で、自転車はそれまで発明されたどの乗り物よりもいちばん効率の良い交通手段になった。一九〇〇年にはまた、アメリカとヨーロッパで、自転車競技選手が最も高収入で、人々をいちばん興奮させるプロの選手になった。中でも象徴的なのは、二週間で二五〇〇マイルから三〇〇〇マイル〔約四〇〇〇キロから約四八〇〇キロ〕を走破する世界最高峰の自転車レース、ツール・ド・フランスが一九〇三年に始まったことだった。

スポーツにとって、合理化はまた、選手の行動をルールで統制し、試合を開催してスポーツの振興を図る組織を生みだした。このような統轄組織はルールを広く行き渡らせたほか、記録を保管し、自分たちの活動を広報した。いいかえれば、統轄組織は内部の統治と対外的な野心を併せ持つ、官僚機構になったのである。したがって、多くの近代スポーツの発展にみられる重要な点は、スポーツにもっぱら従事する最初の組織化された集団がいつどこで生まれたかである。そうした官僚機構は強靭な生命力と支配力を示す場合が多かった。加えて、スポーツの発展はたいてい上流階級から始まり、あとから下層階級へもじわじわと浸透した。上流階級には時間とお金にゆとりがあったが、下層階級はどちらもなかったからである。

◈近代スポーツと西洋

歴史の研究者は、近代スポーツが生まれたのは西洋、とくにイギリスとアメリカであったという。そうすると、アレン・グットマンが論じた近代スポーツの特質が、大部分は資本主義と産業革命の特質であったというのも、うなずけよう。こんにち、国際試合を開催する多くのスポーツは、すべてとはいわないまでも、西洋で生まれ、西洋で組織化され、西洋から伝播したスポーツである。この点は、近代スポーツの歴史が西洋中心であると批判する者に絶好の口実を与えるかもしれない。なるほど、その通りである。しかしサッカーがイギリスの男子校で始まり、バスケットボールがアメリカのＹＭＣＡ訓練学校で生まれた事実は動かせない。この二つのスポーツはこんにちでは世界で最も広く普及しているし、ともに西洋から広がったのである。

西洋以外の国々や人々もサッカーやバスケットボールを受容し、うまく適応してきた。アマゾンの集落にはジャングルの空き地に無造作に作られたサッカー場があるし、中国の港のドックを見れば、気が向いたときにバスケットボールの試合ができるように、リングとバックボードがある。サッカーがもはやイギリスの支配を受けない「民衆のゲーム」になったのと同じように、バスケットボールもまた、アメリカの支配から抜け出して「民衆のゲーム」になろうとしている。かくして近代スポーツはもはや西洋中心というよりもグローバルなのだ。

◈近代世界のスポーツ

グローバルなスポーツの中で最も重要なスポーツは何かを決める明確な方法はない。オランダの社会調査会社の統括責任者マールテン・ファン・ボッテンブルクはその著書『グローバル・ゲーム』（二〇〇一年）で、この課題に取り組んだ。ところが、情報が不十分であり課題を解決できないことに気づいた彼は、特定のスポーツ組織がどのくらいあるのかに焦点を移した。各国の種目別の統轄団体を単純に数えると、上位一〇位までのスポーツは、バレーボール、陸上競技、サッカー、バスケットボール、テニス、ボクシング、卓球、柔道、水泳、そしてサイクリングである。なお、ウォーキングと水泳が最も人気の高い「するスポーツ」であるとする非公式の大まかな調査もあるが、ボッテンブルクはそうした調査を曖昧で信頼性が低いと考えて信用しなかった。この考えに納得しない人もいるだろう。

こんにちの資料に基づいて、アメリカで人気の高いスポーツは何かを観客数により確認すると、アメリカンフットボール、野球、バスケットボール、ボクシング、自動車レース、テニス、陸上競技、ゴルフである。イングランドではサッカーとクリケットの人気が高い。ヨーロッパで人気の高いスポーツ観戦は、サッカー、オリンピック、テニス、F1レース、バスケットボールである。サッカーと水泳はアジアにおいて最も重要性が高い。サッカーは南米において重要である。オーストラリアでは、ラグビー、クリケット、オーストラリアンフットボールが筆頭に挙げられる。そうすると、おおむね現代の重要なグローバルスポーツは、サッカー、バスケットボール、テニス、陸上競技、バレーボールであり、それに続くのがアメリカンフットボール、クリケット、野球、ラグビー、スキー、ボクシング、柔道、自動車レース、サイクリング、水泳、卓球となる。

◈競　馬

とはいえ、最初に発展を遂げた近代スポーツは競馬であった。人間が馬を飼育していれば自然に競馬がおこなわれたであろうし、競馬が伝統的なスポーツに由来することは間違いない。アメリカの西部開拓時代の歴史からこのエピソードを考えてみよう。テキサス州サンアンジェロの北側に位置するフォートチャドボーンで、陸軍将校たちがインディアンのコマンチェ族に競馬を挑んだ。インディアンはサラブレッド・ケンタッキーの牝馬と競走するのを渋ったが、少しばかり賭けをすることになり、毛が長くて見栄えも悪い「羊のようなポニー」を連れてきた。その馬は、スペイン産、アフリカ産、アラビア産の馬が混血したムスタングで、一世紀半にわたり野生のまま原野を駆け回っていた。この品種は小さいながらも強靭で耐久力があることが知られていた。

体重一七〇ポンド〔約七七キロ〕のインディアンが棍棒を持って小さなムスタングにまたがった。それを見た兵士は相手を気遣って、三番目に速い馬に乗り換えた。しかし勝ったのはムスタングであった。コマンチェ族は自分たちの牛革の外套に対して賭けられた相手の品々、つまり小麦粉、砂糖、コーヒーをまんまと手に入れた。将校たちは、こんどは二番目に速い馬で二度目のレースに挑んだが、勝ったのはやはり重い騎手を乗せたムスタングであった。激怒した兵士はケンタッキーの牝馬を連れ出すと、賭け金が吊り上げられた。このときばかりはインディアンの騎手が大声を張り上げて棍棒を投げ捨てると、馬を急に走らせ一気に先頭に躍り出た。ゴールから五〇ヤード〔約四六メートル〕手前で、遅れてくるアメリカ人の方を振り返りながら、ひわいな仕草をしてからからかった。かつて作家のマーク・トウェインが述べたように「競馬は、意見の違いがあるからこそ成り立つのだ」。競馬は世界中で人々を魅了した。

賭博はスポーツの試合に対する興味を高めるが、競馬とははじめから縁が深い。だから賭博は競馬を近代スポーツへと発展させた重要な要因の一つになった。賭博が成立する前提には、レースが公正であるという保証が欠かせず、もしも公正でなければ賭博者はあえて自分のお金を危険にさらそうとはしなかったからである。こうして賭博者たちは競馬に標準化されたルールを求めるようになり、一

イギリスのクラシック三冠の一つ，セントレジャーで1836年におこなわれた競馬（Ralph Nevill, *Old Sporting Prints*, London: The Connoisseur Magazine, 1908, no paged）

七五〇年にロンドンでイギリスの裕福な貴族がジョッキー・クラブを結成して、ルールの策定や役員の任命、公正なレースなどを推進した。競馬はすでにイギリス全土で広くおこなわれていた――一七二二年までに一〇〇を超える町で競馬が定期に開催されていた。競走馬を売買する市場タタソールが一七六六年にロンドンで開業し、ジェイムズ・ウェザビー〔ジョッキー・クラブの職員〕が競馬のルールを世に広めるとともに、大会の日程を印刷した『レーシング・カレンダー』を一七七〇年〔正しくは一七七三年〕から刊行した。一マイルから一マイル半の「クラシック」レースは、サラブレッドの三歳馬による行事として進化した――一七七八年にセントレジャー、一七七九年にオークス、一七八〇年にダービー、一八〇九年に二〇〇〇ギニーステ

ークス、一八一四年に一〇〇〇ギニーステークスである。だが、十分に警戒されていたにもかかわらず不正はなくならなかった。とりわけ悪評が高いのは、ランニングレインの不祥事である。

一八四四年イングランドのエプソム・ダービーで、ランニングレインと名乗る馬が三歳馬限定のレースで優勝した。ところがあとになって、ランニングレインがじつはマカベウスという名の四歳馬であることが発覚して、ひと騒動になった。レース中、ランニングレインはリアンダーというもう一頭の不正な四歳馬を強く蹴り上げて致命傷を与えた。リアンダーの飼い主はあとでこっそりと馬の下顎を切断して年齢を隠そうとしたが、うまくいかなかった。それだけではない。賭博場のオーナー、ウィリアム・クロックフォードが、不正に手を染めたシンジケートから莫大な賭けを請け負っていたとの疑惑も、捜査員から示された。ところが、そのクロックフォードがレース当日の朝に死亡し、本来ならその段階ですべての賭けを中止すべきだった。それなのに共謀者たちは死体に衣服を着せて椅子に座らせて、道行く人たちに老人がただ椅子で眠りこけているだけだと思わせた。彼らはあとで、クロックフォードが死んだのはレースの日の夜であったと言い訳した。不祥事が暴かれたことにより、イギリスの競馬界をもっと厳重に管理する必要があるとの見方が広がった。改革を主導したのは、ロンドンのジョッキー・クラブであった。その行動規範が広く認められ、一八五〇年までにジョッキー・クラブがイギリスの競馬界における実質的な裁定者になった。それでも時代をトるにつれ新たな不祥事が起きており、たとえどんな競馬でもいまだに腐敗の臭気をかすかにただよわせている。

植民地時代のアメリカで大農園の所有者が賭け金を多く費やしたのは、クォーター競馬——馬が全速力で四分の一マイル〔約四〇〇メートル〕の未整地の走路を駆け抜けるレースであった。街路や田舎道がそのまま走路になることが多かった。木を伐採して大きな走路を造るのは、当初は経費がかさみすぎたからである。バージニア州では、馬は飼い主の性格を表すと考えられており、飼い主どうしのマッチレースがよくおこなわれた。アメリカ独立革命の時代までに、植民地主義者は一五〇頭ほどのサラブレッドの種馬を輸入した。歴史のまだ浅いアメリカで、競馬は国の至るところでおこなわれる、最初の観るスポーツになったのである。

一九世紀初頭になると、四分の一マイルレースに代わって、より長い距離を走る、一マイルレースが未整地の走路でおこなわれるようになった。一八二三年にニューヨーク市近くのロングアイランドでマッチレースがおこなわれたが、それはアメリカの南北間で広がる政治的亀裂を反映したものだった。約六万人の観衆が見守る中、四マイルのヒート競走〔同じ馬で複数回のレースをおこなう〕がおこなわれ、北部の馬アメリカンエクリプスが三レースのうち二勝をあげて、南部のサー・ヘンリーをくだした。ニューヨーク出身のまだ若い美食家ジョン・コックス・スティーブンズがこのレースに、財布、腕時計、ダイヤモンドの飾りピンを賭けて勝ち、この二頭の馬をホーボーケン〔ニュージャージー州の町〕の私営厩舎で飼うために購入した。

南北戦争中は馬も人も戦争に駆り出されて、競馬どころではなかったが、三歳馬の特別なレースが確立するのに伴い、サラブレッドレース〔純血種の馬によるレース〕も回復に転じた――一八六七年にニューヨーク州ウェストチェスター郡のベルモント、一八七三年にボルチモアのプリークネス、一八七五年にルイビルでケンタッキーダービーである。これらはやがてアメリカ競馬界の「三冠」になった。とりわけ成功した三冠馬はセクレタリアト（一九七〇～一九八九年）だった。一九七三年のケンタッキーダービーでは最後方から記録的な速さで勝利をさらい、プリークネスでも六馬身後方から二馬身差をつけて優勝。ベルモントでも騎手が馬をただ走らせただけで、セクレタリアトが一マイル半を二分二四秒の世界記録で、しかも驚異的な三一馬身差で優勝した。

時代の流れとともに、さまざまな馬のスポーツが登場した――障害物レース、馬場馬術、ジムカーナ〔簡易な障害物レース〕、サラブレッドレース、繋駕競走、キツネ狩り、ロデオ、耐久レース、ポロ――それぞれに独自のルール、規格、統轄団体がある。馬の中でもとくにサラブレッドの血統が重要であり、育種家やクラブが馬の血統について詳細な記録を残した。例えば世界中のサラブレッドはすべて、近東からイギリスに輸入された三頭の種馬、バイアリーターク（一六八〇年）、ダーレーアラビアン（一七〇〇年）、ゴドルフィンバルブ（一七二四年）のいずれかの血を受け継ぐことが知られている。馬主はそうした馬を地元のイングランドの馬と交配させた。一九世紀後半のイギリスの騎手は、「棒上の猿〔棒に付けられた猿が上下に動く玩具〕」と呼ばれるアメリカ式の乗馬スタイルを採用し、サドルを前に押し、短くした手綱とあぶみを使い、膝を折り曲げて騎乗した。しかしアメリカ・ジョッキー・クラブは一八九四年まで結成されず、アメリカの競馬界はそれまで州ごとのレース委員会によって統制されていた。ともかく競馬は複雑な歴史がありながらも、最初の近代スポーツになったのである。

◆クリケット

競馬の発展を横目で見ながら、クリケットも同様に発展し、打球技の中で初めて重要性の高いスポーツになった。起源も名前のいわれもはっきりしないが、こんな逸話も伝わる。牛の世話をする女性使用人が仕事用のいすを箒で守り、もう一人が即席のボールでそのいすをひっくり返そうとする、農民のゲームから進化してきた、と。クリケットに関する最古の記録は一五九八年にさかのぼり、一七世紀にはイングランド南東部で流行していた。クリケットは、上流階級のスポーツマンが馬の助けを借りずに力を試せる、初めてのチームスポーツになった。それにボウリング（門柱(スタンプ)の上に乗った横木(ベイル)を落とすためにボールを投げること）は、私邸に仕える使用人に命じることもできたのである。

多ければ一万ポンドも試合に賭ける貴族たちは試合前に合意したルールを記録しはじめたが、一七世紀の終わりまでに、バット、ボール、門柱、横木、三柱門(ウィケット)などの用具や、プレーに関する一定の規準が整えられた。一八世紀には女性もプレーしていたが、一九世紀末までに女性は遠ざけられ、クリケットは男性の競技と見なされるようになった。クリケットの人気が高まるにつれ、一七三〇年代に誕生したロンドンのクラブが、一七八七年に創設のメリルボーン・クリケット・クラブ（ＭＣＣ）へと発展した。所在地は幾度か移動したが、「ローズ」の名で知られるＭＣＣのホームグラウンドが世界のクリケットのメッカとなり、ＭＣＣ自体が世界を司る統治機関となった。

一八三五年のルールでは、下手投げが要求されたが、やがてオーバースローの素早い投球が普及し、

19世紀初頭にローズ競技場でおこなわれたクリケットの模様
(Charles Box, *English Game of Cricket; Comprising a Digest of Its Origin, Character, History and Progress; Together with an Exposition of Its Laws and Language,* London; "The field" Office, 1877, p. 89)

ＭＣＣも一八六四年にこれを追認した。ボウラーは助走したあと、肘を曲げずに滑らかに投球し、ふつうはボールを芝生の上でバウンドさせる。そのため、芝生を丹念に手入れして表面をきれいに整える必要があり、ローズは同じ一八六四年に初めてグラウンド整備員を雇用した。クリケットは発展するにつれて、幅一〇フィート〔約三メートル〕、長さ二二ヤード〔約二〇メートル〕の長方形のピッチング・エリア〔略してピッチ〕を中心に、大きな楕円形のフィールドでおこなわれるようになった。ピッチの両端には「クリース〔折り目の意。今はラインが引かれる〕」があり、そこに三柱門（ウィケット）が立てられる。三柱門は、先のとがった三本の門柱（スタンプ）を狭い間隔で地面に埋め込んで垂直に立てたうえ、その上に二本の横木（ベイル）、つまり短い木製の棒をバランスよく置いて作られる。ボウラーは硬い革で覆われたボールを斜め下に向けて投げつけて、地面から跳ね返ったボールで横木を落とそうとする。打者が三柱門を守れずに、横木が落ちると、打者はアウトになる。そのほかにも、打者が打ったボールを地面に落ちる前に捕球した場合、打者がクリースの外側にいるときに、相手が手に持ったボールで横木を落とした場合、打者がからだで三柱門への進路を妨害した場合（レッグ・ビフォア・ウィケット）、打球時にボールを二度打ちするか、手でボールを打った場合、打者が誤って三柱門に触れて壊した場合なども、アウトになる。

打者はボールを任意の方向に打ち、そのあと反対側のクリースまで走り、無事にたどり着けばラン〔得点〕を取ることができた。打球がフィールドの外まで飛んだら、六ランである。ただしボールがバウンドしてから外に出た場合には四ランであった。フィールド上には一度に二人の打者がいるので、ボールがフィールドの外側まで飛ばない場合には、双方の打者がランを得るために反対側のクリースまでうまく交差しながら走る必要があった。ボールを打った打者は、走っても走らなくてもよい。チームは一一人のプレーヤーで構成される。一〇アウトで一イニングが終わり、守備側のチームと交代する。「全員がアウトになったら、アウトにいたチームがインに入り、インにいたチームがアウトに出て、インに入ったチームからアウトを取ろうとする。……双方が出ては入って交代したら……試合は終了だ」〔クリケットを面白く説明した有名な文句〕。テストマッチと呼ばれる選手権では、二イニングをおこなう。一日八〜一〇時間のプレーを五日間続けておこなう場合があり、一チームだけで五〇〇ランを記録することもある。プレーヤーがたった一人で「センチュリー」つまり一〇〇ランを記録するのは驚くべき快挙であるが、不可能なことではない。

一九世紀のイングランドのクリケット選手のうち最も偉大なウィリアム・ギルバート・グレース（一八四八〜一九一五年）は、四〇年間に及ぶキャリアを通して、一二六センチュリーと五万五〇〇〇近くのランを記録した。グレースはブリストルの近くで育ち、父親は田舎の成功した医者で、クリケットを愛していた。グレースが初めて新聞社の目に留まったのは、一八六四年にホーブ〔イングランド南端の町〕でおこなわれた試合で、一五歳のグレースが一日目に一七〇ラン、二日目に五六ランを記録したときだった。グレースはクリケットのあらゆる記録を破る過程で、毛むくじゃらのひげ、どんどん膨らむ胴回り、不潔なからだで同時代の人々に衝撃を与えた。別の選手、コバム子爵に言わせれば、今まで見た中でグレースがいちばん汚い首をしていた。おまけにグレースは審判にわめき散らしたり甲高く笑って敵の気持ちをかき乱したりしながら、フィールドを歩き回っていた。グレースは表向きにはアマチュアでありながらも、試合に賭け、賞品を受け取り、有料ツアーを企画した。それでも彼はこのスポーツで懸命に働き、情熱的にプレーした。グレースは一八九五年のシーズンの開幕戦で、〔アウトにならずに〕一日じゅう打席に立っていた。幼い少年が彼にくっつき、大人も彼の才能を応援した。グレースはイングランドで最初の国民的なスポーツの英雄になったのである。

クリケットは、アメリカの野球のように、単純なゲームだといわれる。確かに相手より少しでも多く得点を挙げれば試合には勝てる。しかし初心者からみるとルールがわかりづらく、試合時間も長くて良心的ではない。一九七九年にイギリスの政治家マンクロフト卿はこう言った。「クリケット――およそ霊的な人間とはいえないイングランド人が、永遠という概念を自らに知らしめるために発明したゲーム」と。とはいえ、クリケットはイングランドの国民的な娯楽となり、イギリス帝国にも広く普及した。歴史家ジョン・アーロットは、二〇〇年ほど前の風景画家がゲームの知識もほとんどないのに、画面の中にクリケットの試合を描き込んでいることに気づいた。それにしても、クリケットがなぜアメリカとカナダで定着しなかったのかは、一つの謎である。

◆野　球

一九世紀のアメリカにはクリケット・クラブもあるにはあったが、バットとボールを使うあそびとして、クリケットの代わりに野球がおこなわれるようになった。アメリカの野球の起源はイングランドに起源をもつ民俗ゲーム、すなわちスツールボール、ラウンダーズ、タウンボールなどのルールに求められる。これらのゲームでは、打者が〔背後の〕椅子や盛り土を守るため、棒切れなどを使ってボールを打ち、そのあと目印に立てられた杭や竿の周りを走った。ニューヨークの銀行員アレクサンダー・J・カートライト（一八二〇〜九二年）は当時二五歳であったが、一八四五年にニッカボッカー野球クラブを設立した。路上のさまざまなあそびからアイデアを取り入れてルールを作成し、ホーボーケンのジョン・コックス・スティーブンズが所有した広場で、初めて野球の試合をおこなった。その試合は中流階級のジェントルマンを集めた社交行事で、選手は青いウールのズボンを履き、白いフランネルのシャツを着て、麦わら帽子をかぶっていた。観客は招待状を持参した者に限られ、試合のあとには晩餐会が開かれた。

野球はクリケットに比べて、より速く、より多くの活動があった。またアメリカにとって野球は、愛国心という点から見ても、自身の発明に誇りを持つ、まさにのし上がろうとしていた強国にふさわ

1860年代の野球（Charles A. Peverelly, *The Book of American Pastimes: Containing a History of the Principal Baseball, Cricket, Rowing, and Yachting Clubs of the United States,* New York: American News Co., 1868, p. 335）

しいものだった。「ニューヨーク式ゲーム」（他にも地域ごとに異なるゲームがあった）の人気が広がるにつれて、他のチームも続々と生まれた。一八五七年に二二チームが集まって、ルールの改廃を管理する全米野球選手協会（NABBP）を設立した。一八三九年にニューヨークのクーパーズタウンでアブナー・ダブルデーが野球を発明したという逸話もあるが、これは野球好きで用器具製造業者のアルバート・G・スポルディングが創り出した神話である。

南北戦争は、野球が全国に広まるのに役立った。というのも時間を持て余した北軍の兵士が娯楽を求めたり、地元の少年たちに野球の仕方を教えたりしたからである。初めてのプロチーム、シンシナティ・レッド・ストッキングスは一八六九年に新しい大陸横断鉄道に乗ってカリフォルニアまで移動し、野球を紹介した。このとき集まった観客は野手を驚かせてボールを捕逸させようと、ピストルを空に向けて発射することもあった。試合の日程、ルール、経営を調整するために、二つの大きなプロリーグが結成された。シカゴのウィリアム・A・フルバートは一八七六年にナショナル・リーグを結成し、バイロン・バンクロフト・ジョンソンは一八九九年〔正しくは一九〇〇年〕にアメリカン・リーグを創設した。両者はしばらく観客を奪い合ったあと、一九〇三年に停戦協定に署名した。そして、ルール、選手との独占契約権、都市との本拠地占有権、ワールドシリーズ選手権などについて合意した。

このころまでに大半のルールが合意に至った。すなわち、インフィールドはダイヤモンド形で塁間が九〇フィート〔約二七メートル〕であること、投手はダイヤモンドの中央から本塁にいる打者に向かって投球し、打者は四ボールか三ストライクになるまで対戦すること、アウトになるのは三ストライクか、塁上で刺されるか、塁間でタッチされるか、打ち上げたボールが捕球された場合であること。走者が本塁に達すれば得点になり、一チームは九人で、一イニングは三アウト、一試合は九イニングとした。クリケットでは平たいバットを使い、グラブを使用しなかったのに対して、野球は丸いバットとグラブを使用した。クリケットの選手はグラブの使用を「男らしくない」と考え、平らに加工されたバットを使うことによって打球をより正確にコントロールできると考えていたのである。

野球場はこのゲームに対する熱気の波とともに建設されるようになった。初期のプロ野球チームのオーナーは、市街電車の終着駅に近くて安い土地に木造スタジアムを建設した。日よけの屋根を設けた客席もあったが、大半の客席は日差しや雨にさらされて色あせていた――そのためスタジアムの料金の安い席に付いた名称は「ブリーチャー」〔「漂白された物」の意、のちに「外野席」の意味でも使われる〕」だった。観客はおもに中流階級で、入場者数は平均四〇〇〇人、チケットは一枚で五〇セントであった。一九〇八年、舞台芸人のジャック・ノーワースが「私を野球に連れて行って」を執筆し、どこの球場でも七イニングの表が終わったときに、ファンがそれまで曲げていた脚を伸ばして立って歌う（七回のストレッチ）、野球の儀礼的な賛美歌となった。チームが繁栄するにつれて、とくに大都市では、オーナーが立派な鉄筋コンクリート製のスタジアムを建設するようになった。例えばデトロイト（一九一二年）、ボストン（一九一二年）、シカゴ（一九一四年）、ニューヨーク（一九二三年）である。スタジアム建設の二番目の大きな波は一九六〇年代から始まり、三番目の波は一九九〇年代に訪れた。

アメリカの野球の歴史には、記録と統計に加え、偉大な選手や滑稽な選手、英雄の物語があふれている。おそらくクリケットを除いて、野球のように多くの文学を刺激したスポーツはほかにはない。ホームランを打ったあと選手はベースを一周する必要がある。ところが、二〇世紀初頭にデトロイト・タイガースでプレーしたハーマン・〝ジャーマニー〟・シェファーは、ホームランを打ったあと、ベースをただ回るのではなく、まるで際どいプレーであるかのように、すべてのベースに滑り込んだ。

ケーシー・ステンゲル（一八八九〜一九七五年）は長く監督を務めて伝説となる前、一九一九年にピッツバーグ・パイレーツでセンターを守っていた。ステンゲルはブルックリン・ドジャースからパイレーツへ移籍したが、試合のためかつての本拠地に戻ると激しいやじが飛び交った。ステンゲルはブルックリンの元チームメイトから小さな鳥を手渡され、それを自分の帽子の中にそっと隠した。打順が回って来たとき、騒がしい観衆にむけて帽子を取って会釈すると鳥が飛び立ち、ファンの大きな歓声がこだました。ニューヨーク・ヤンキースの捕手ヨギ・ベラは一九四〇年代後半から一九六〇年代にかけて活躍し、数々の名言を残した。「これはまるでデ・ジャヴの繰り返しだ」「じっと見ることでたくさん観察できる」「野球は九〇%が精神力、残りの半分は体力」「試合は終わるまで終わらない」といった具合である。とはいえ、球界の英雄といえば、なんといってもベーブ・ルースとジャッキー・ロビンソンであった。

「ベーブ」こと、ジョージ・ハーマン・ルース（一八九五～一九四八年）はボルチモアの育ちで、手に負えない少年だったが、セント・メアリー少年工業学校で野球を習いはじめた。一九一四年にルースはボルチモア・オリオールズに入団し、左腕投手として選手生活をはじめた。その後まもなくボストン・レッドソックスに移ると、打撃に専念するため投手を断念し、一九二〇年からはニューヨーク・ヤンキースでプレーした。ルースはホームランを打ちたくて、重い四四オンス〔約一・二キロ〕のバットを振り回したが、当たったボールがうまく外野席まで飛んでいくことも多かった。ヤンキースの試合の観客数は、年間六〇万人から一〇〇万人に跳ね上がり、一九二三年にヤンキー・スタジアムが完成したと

黄金時代のヤンキースの主要メンバー。むかって左側から2番目がベーブ・ルース（David Quentin Voigt, *Baseball: An Illustrated History,* University Park: Pennsylvania State University Press, 1987, p. 148）

きには「ルースが建てた家」と呼ばれた。一九二七年にルースは六〇本のホームランを記録し、その記録は一九六一年まで破られなかった。

ルースはアメリカのスポーツ界で英雄となり伝説となった。ルースは恵まれない育ちであったが、社交的な性格で、どこへ行っても大勢の子どもたちが群がった。彼はそんな子どもたちを本当に愛していた。ルースは自由奔放な生活を送り、だれにでも「坊や（キッド）」と呼びかけた。というのも、彼は持って生まれた肉体の才能に頼るばかりで、名前を思い出せなかったからである。「オレがダッグアウトに戻ると、どんなボールを打ったのか、聞きたがるんだ。でも言ってやるんだ。良さそうなボールだった。それ以外は何も知らないとね」。ルースはこの国に劇的なホームランをもたらした。すなわち「ビッグバン」野球である。それは「ジャック・ラビット」ボール（一九三〇年頃に使われた飛ぶボール）の導入によっても助けられた。

過去一〇年間でボールはテクノロジーのお陰で進化し、コルクをボールの真ん中に置き、それを糸でより強く巻いて、さらに牛皮でしっかりとカバーできるようになった。フィールド上での駆け引きが求められた「飛ばないボール」の時代よりも、新しいボールはより強く、より遠くに打つことができた。ルースはまた、一九二〇年から二二年にかけて問題になった「ブラックソックス」事件の衝撃を和らげる意味でも歓迎された。一九一九年のワールドシリーズでシカゴ・ホワイトソックスのプレーヤー八人が八百長の疑いで告発されたのである。この事件は、アメリカが愛するゲームを深く傷つけた。シカゴの陪審が容疑者全員を無罪に評決したが、新しく迎えられた野球のコミッショナー、ケネソー・マウンテン・ランディスが八人全員を永久追放に処した。ルースの名前は野球界に永遠に刻まれることになった。

「ジャッキー」こと、ジャック・ルーズベルト・ロビンソン（一九一九～七一年）も優れた野球選手であり、ルースとは異なる理由で不朽の名声を築いた。奴隷に自由を与えた血まみれの内戦にもかかわらず、アメリカは二〇世紀の前半まで人種を分断する社会のままだった。アフリカ系アメリカ人はたいてい孤立した地域に住み、黒人が経営するレストランで食事をし、人種で区分けされた学校に通い、黒人だけのチームでスポーツをしていた。ジム・クロウ法（人種隔離法）と自治体の法規が、人種の分断を支えていた。黒人が、実権を握る白人社会とつながっていたのはおもにビジネスの分野であり、あとは政治の分野くらいだった。黒人が世界の安全保障のために戦い、またアドルフ・ヒトラーの人種的偏見に対抗しても戦った第二次世界大戦のあとでは、アメリカ本国でそんな了見の狭い精神を支持することは明らかに妥当性がなくなろうとしていた。

ブランチ・リッキー（一八八一～一九六五年）がブルックリン・ドジャースのゼネラルマネジャー並びに共同オーナーを兼務したのは、一九四三年であった。そのときリッキーは、黒人選手がチームに貢献すると考えて、人種間の壁を率先して打ち破ろうとした。優秀なのに孤立した黒人選手――自転車競技の「少佐」こと、マーシャル・テイラー、ボクシングのジャック・ジョンソンとジョー・ルイス、陸上競技のジェシー・オーエンス――はいたが、彼らは例外であり、白人社会に受け入れられることはなかった。さかのぼること、一九〇三年にリッキーがオハイオ・ウェスリアンで野球の学生コ

ドジャースに入団後初めての試合で素晴らしい活躍をみせたロビンソン（Arthur Diamond, *The Importance of Jackie Robinson,* San Diego: Lucent Books, 1992, p. 41）

ーチをしていたとき、一塁を守っていたのがアフリカ系アメリカ人のチャールズ・トーマスであった。ノートルダム大学と試合をするため、サウスベンドへ向かう途中、地方のホテルに泊まろうとしたが、トーマスは肌の色を理由に断られた。トーマスはチームを離れ実家に戻ると言い出したが、リッキーはそれを遮り、トーマスがコーチの部屋で泊まれるよう、簡易ベッドを借りてきた。試合の前夜にリッキーはキャプテンを部屋に呼んで、試合の戦略を話し合った。そのとき横目でこっそりと、ベッドの端に座るトーマスの方に目を向けた。トーマスの頰には涙が伝い落ち、両手をしきりにこすり合わせていた。「黒い肌」といい、つづけて「黒い肌。これを白くさえできたら」とつぶやいていた。

リッキーは忘れなかった。理想の選手を見つけることができるのなら、進んで変化に賭けようと思った。「黒人はこれから何年もわれわれを勝者にしてくれるんだ」。そう言ってリッキーは「だから、情に流されやすいだの、慈善家ぶるだのと、そんな人道的な戯言で攻められても、喜んで耐えることにしよう」と覚悟を決めた。このリッキーのスカウトがジャッキー・ロビンソンを見いだした。ロビンソンはカリフォルニア大学ロサンゼルス校を優秀な成績で卒業し、兵役を終えて、カンザスシティ・モナークスでショートを守っていた。カンザスシティは野球の黒人リーグでは敵なしだった。ロビンソンには将来起こりうる世間の残酷な行為について十分に警告を与え、どんな嫌なことを言われても我慢するように約束を取りつけた。リッキーはロビンソンを雇い、モントリオールのファームのクラブで一シーズンを過ごさせたあと、一九四七年にドジャースに連れてきた。

リッキーとロビンソンはアメリカで最も重要なスポーツで、人種差別の壁を打ち壊した。ロビンソンは熱くなりやすかったが、約束通り二年間、気性を抑え、反発もせず、そして走力と打撃の優れた能力だけで、偏見を持つ人々や批評家に応えるようにした。ロビンソンはドジャースをリーグ優勝へと導き、初の新人賞に輝いた。他のチームも目覚めて、有能なアフリカ系アメリカ人を募集するようになった。黒人のファンが観客席に押し寄せると、それまでアメリカの社会やスポーツ界で人種を隔てていたひび割れた壁が、ついに崩れはじめた。ここでは、スポーツ界の劇的な行動が、アメリカがそれまでどんな国であり、これからどんな国になろうとしているのかを映し出していた。タイミングは完璧だった。だからこそジャッキー・ロビンソンとブランチ・リッキーの勇気は、社会的にも政治的にも重要な結果をもたらしたのである。

◆ゴルフとテニス

小さなボールを使う他の二つのスポーツ、ゴルフとテニスの発展もやがて世界中に普及することから、ここで取り上げるに値する。近代の文脈から見ると、この二つのスポーツはカントリークラブ〔スポーツと社交のためのクラブまたはその施設〕のスポーツとして上流階級の地位を維持しているが、

「民衆のゲーム」としての人気は限られている。ただし史料で確認できる範囲では、ゴルフはケルト人のフィールド・ホッケー、シンティという伝統的なあそびから、スコットランドで発展した（現在は大陸起源説が有力）。上流階級のスコットランド人は、とげのある木から作った棍棒でボールを打ち、長い草で覆われたフェアウェイを下って、ていねいに刈り揃えられたグリーン上の小さな穴に入れた。ボールといっても小さな革製で、茹でた羽毛が詰められていた。プレーヤーはできるだけ少ない打数になるよう競い合った。「ゴルフ」という言葉は棒や棍棒を意味するスコットランド語の「colf」に由来するが（異説あり）、それはゴルフの起源に権威を与えている。

スコットランド人は一四五七年には早くもゴルフをしていた。その年、ゴルフは弓射の練習を妨げるという理由で、ジェームズ二世によって禁止された。一六〇三年にスコットランドのジェームズ六世がイングランドのジェームズ一世になったとき、ブラックヒースにコースを造り、スコットランドの風変わりなゲームをイングランドの貴族たちに紹介した。一七五四年にセントアンドリュースのロイヤル・アンド・エンシェント・ゴルフ・クラブがゲームのルールを策定するために創設されると、まるでMCCがクリケット界を支配したのと同じように、強力な統治機能を発揮するようになった。例えば、一七六四年にロイヤル・アンド・エンシェント・クラブが一試合のホール数を一八ホールに設定すると、それが公式のホール数になったのである。

初期のスコットランドで造られたコースのように、セントアンドリュースも例外でなく、海沿いの草原地帯で発達した。同地の砂浜では、風の影響により、砂丘、くぼみ、草の生えた飛び地から成る、うねった地表が形作られたのである。放牧された動物が草を食んで短く刈りそろえたし、低木こそあったものの、木はほとんどなかった。ゴルフ場を建設するさいには、世界中でこうした広々とした「リンクス」が取り入れられている。現在のフェアウェイ、グリーン、砂地のバンカー、うねりのあるマウンドは、かくしてスコットランドの遺産に対する敬意を表しつづけている。

加えて、セントアンドリュースは一八六七年に女性のクラブを付設した。これが組織を性別で分離する方式の先例となり、こんにちでも私設のクラブで採用されている。平日なら男性よりも女性のほうが多く施設を利用していたのに、女性は立場をわきまえねばならず、クラブではいかなる支配権や投票権もほぼ与えられなかった。しかし、恵まれた環境の中で適度な運動になるゴルフは静かに広がり、中年のプレーヤーのほか、中流階級から上流階級のプレーヤーを魅了した。一九一〇年までにイギリスの各所に約一〇〇〇コースができた。地域のゴルフ・クラブは、高級な郊外の住宅地から通勤する人々にとって社会から逃避できる場所ではなかったが、箔をつけるものにはなったのである。

カントリークラブではゴルフコースの設置と合わせてテニスコートも造られた。フランス人によれば、テニスの語源は「さあ」とか「行くよ」という意味のフランス語「テネー」である。試合で使われるのに説明するのが難しい得点法としてゼロを意味する「ラブ」があるが、それは「卵」つまり「ゼロ」を意味するフランス語「l'oeuf」に由来する（古代ローマの食事が卵から始まったことから、「卵」の語が「始め」という意味で使われた。その後l'oeufがイギリスで誤ってloveになる）。これらの単語は、フランスの修道士がおこなっていた打球技に多少とも関係する言葉であった。イングランドとフランス

ローンテニスとクロッケーが1つの空き地でおこなわれている。どちらも女性が参加することによって普及した（Max Howell, Reet Howell and David W. Brown, *The Sporting Image: A Pictorial History of Queenslanders at Play,* St Lucia: University of Queensland Press, 1989, p. 2）

では、中世末期から近世にかけて、宮廷の邸内でテニスがおこなわれて人気を博したが、そのあと衰退した。しかしイギリス、アメリカ、オーストラリア、フランスでは、少数のクラブが「リアル・テニス」と呼び名を代えて、いまなおプレーを続けている。フランス語の言葉はまた、こんにち多くの人たちが屋外でプレーするゲーム、ローンテニスにもつながっている。

一八七四年にウォルター・C・ウィングフイールド少佐がイングランドでテニスの特許を取得した。テニスが近代スポーツとしてスタートしたのは、このときからである。ウィングフィールドは支柱、ペグ、ボール、ラケット、ネット、ルール集をひと箱に詰めて、二六ドルで販売した。そして、ネットは高さ五フィート〔約一・五メートル〕で、長方形ではなく中央を狭くした砂時計型のコートを制定した。田舎の大きな屋敷には手入れの行き届いた芝生のクロッケー場があり、その場所にテニスコートを設営できた一握りの裕福な若者たちのあいだで、このゲームが流行した。

クロッケーの芝生には小道や茂み、砂利、起伏がなく、テニスボールが「きれいに弾んだ」ことから、うってつけの場所だった。クロッケーはもともとフランスの農民のゲームから発達し、いったんアイルランドに飛んで、そのあと一九世紀半ばにイングランドで流行した。テニスは後から侵入したのに、草の生い茂るクロッケー場を隅ずみまで占領するようになったのである。一八七七年にロンドン郊外のウィンブルドンにあった全英クロッケー・クラブはテニスの選手権大会を企画し、規則を改訂する委員会を任命した。

この委員会はコートを七八×二七フィート〔約二四×八メートル〕の長方形にすることに合意した。委員会はまた、ゲームごとにサーブを交代することや、少なくとも二ポイント以上の差で一ゲームを取り、二ゲームの差をつけて先に六ゲームを取ると一セットを取り、最初に三セットを奪うと試合に勝つことを定めた。第一回のウィンブルドン選手権に参加したのはわずか二二名であったが、クラブはこの選手権を毎年開催することを決定した。ルールの改正は委員会の仕事であったが、まもなく一八八四年にローンテニス協会と責任を分担するようになった。審判は適正なネットの高さとサービスラインについて数年にわたり調整したが、一八八二年になってネットの中央の高さとして三フィート三インチ〔約一メートル〕を標準とした。一八八四年に委員会は女性のシングルと男性のダブルスを追加した。一八九〇年には、各セットの奇数のゲームのあとにプレーヤーがコートを交代するようにした。一九一三年には、女性のダブルスとミックスダブルスを追加した。テニスはとくにコートの表面を改良しながら、たちまちイギリス全土へ、さらに海外へも広がった。

全英クロッケー・クラブはその名称に「アンド・ローンテニス・クラブ」を加えた。その結果、ローンテニス協会は加盟クラブを急速に増やした。一九〇〇年に三〇〇クラブ、一九一四年に一〇〇〇クラブ、一九三〇年代後半には三〇〇〇クラブが新たに加盟した。女性がテニスをしても咎められなかったが、熱中しすぎるのは見苦しいと考えられた。女性は流行の足首までの長いドレス、帽子、つけ毛をして着飾った。風の強いある日、ウィンブルドンでアイルランドの女性がラリーを続けていると、つけ毛が飛ばされた。得点が入ったところで、彼女は偽物の髪をまるで「鼠のしっぽをつまむように」拾い上げ、審判に預けてこう言った。「そうね、本当の髪が飛ばなかったのが不思議だわ」。しかし、活発な女性の登場や女性が競技に加わったおかげで、動きを妨げる服装を女性に強いていた規定が少しずつ緩められるようになった。

◈卓　球

テーブルテニス、つまりテニスの副産物である卓球もまた、イギリスで発達した。一八八〇年代から九〇年代にかけて、正装の貴族たちが夕食後に室内用の小型「テニス」を余興として楽しんだ。食堂や応接間に遊戯台を置いて、ネットの代わりにタオルや本を並べたり、二本の瓶を立ててあいだにひもを張ったりした。ラケットは葉巻の箱で間に合わせ、シャンパンのコルク栓を削ってボールにした。用器具が進歩すると、テーブルの両側に固定するネットや、コルクまたは紙やすりで覆われた、柄の短い木製のラケット、セルロイド製のボールなどが次々に製造された。

二〇世紀の初頭、卓球はエリートの応接間から外に抜け出し、イギリスとアメリカの両国で大流行した。卓球は安くて健全な家族の楽しみになった。イングランドの花形選手アーノルド・パーカーは草創期のルールを発展させ、〔ネットを挟んだ〕テーブルの両面をバウンドさせるダブル・バウンド・サーブの先駆者となった。ローンテニスのようにオーバー・ハンド・サーブを使用してボールを相手のコートに直接スマッシュすると、具合が悪いことに気づいたのである。

卓球は1901年前後に都市の中流階級の家庭で大流行した（*Table Tennis; a Description of the Game, with Rules and Instructions for Playing,* New York: American Sports Publishing Company, 1902, p. 1）

卓球の人気は衰えたが、一九二二年にケンブリッジ大学の学生アイヴァ・モンタギュ（一九〇四〜一九八四年）がルールの体系化に乗り出した。サーブはボールを二回バウンドさせること、またサーブ権は五回ずつで交替し、一セットが二一点で、三セットを先取した方を勝者とした。得点が入るのは、ボールをバウンドする前に打ったとき、ボールを二回目のバウンドの後に打ったとき、またはボールを相手のコートに返せなかったときと定められた。モンタギュは一九二六年にベルリンで、オーストリア、ドイツ、ハンガリー、スウェーデンの代表者と会合し、国際卓球連盟（ＩＴＴＦ）を結成した。同連盟は同じ年に初の世界選手権をロンドンで開催した。モンタギュの母親レディ・スウエイスリングが男子優勝チームのためにカップを寄贈した。参加選手は、男女のシングル、男子のダブルス、ミックスダブルスで腕を競い合った。一九二八年に女子ダブルスが誕生し、アメリカのパーカー兄弟遊戯会社が「ピンポン」の特許を取得した。「ピンポン」は擬音語を使った商品名であり、このスポーツの愛称にもなったのである。

初期のころ、ハンガリー人が世界選手権を席巻し、とりわけビクトル・バルナが一九三〇年代の卓球界を代表する最も有名なスターになった。バルナが〔指を使ってボールにスピンをかける〕フィンガー・スピンサーブの破壊力に警鐘を鳴らしたことから新ルールが採用され、サーブは必ず指を開いた手のひらにボールを乗せておこなうことになった。これで指が使えなくなったので、こんどはボールを高く投げ上げてからラケットで打つようになった。だが、課題がもう一つ残っていた。守備的にボールを打ち返し、相手がミスするのをただひたすら待つ戦術である。一九三六年の選手権では、たった一点を奪うのに二時間以上もかかった。ＩＴＴＦは試合時間を短縮するために「促進ルール」の導入を決定した。

一九五二年にテクノロジー上の危機が訪れた。無名の日本人選手、佐藤博治（ひろじ）が厚さ四分の三インチ〔約二センチ〕のスポンジラバーをラケットの表面に貼り、ボールをまるで投石機のように打ち返して優勝をさらったのだ。面白いといえば、ボールを打ってもほとんど音が、つまり「ピン」と「ポン」という音が出なくなったことである。ＩＴＴＦは新しいスポンジを受け入れた。ラケットのテクノロジーはどんどん加速し、速くて積極的な攻撃プレーが守備的な選手にほとんど余裕を与えないところまで進化した。

西洋では、卓球にファンが大勢集まることはなかったが――大会の観客はほとんど試合に参加する他の選手であった――それでも卓球は、階級、ジェンダー、民族に関わる差別がほとんどない、グローバルな民衆のゲームになった。こんにちでさえ、たとえ一流の選手であろうと、あるいは地下室の卓球台で熱心にプレーする人であろうと、打ちそこなったボールを自分で追いかけている。卓球はレクリエーションと競技の双方にわたってプレーされるスポーツであり、おそらくバスケットボールとともに、サッカーに次いで二番目に人気のあるスポーツであろう。中国では、卓球は国民的娯楽と呼ばれるほど人気のある主要な種目の一つになり、中国が世界選手権を制した初めてのスポーツとなった。容国団(ロングオタン)は一九五九年にドイツのドルトムントで、男子シングルスで優勝した。中国の体育教師はこれを「中国人は世界選手権を制覇できないという神話をスマッシュした〔打ち砕いた〕」と表現した。

◆大きいボールを使うスポーツ

小さなボールを使うスポーツも重要だが、バスケットボールのように大きなボールを使うスポーツも世界中で大きな影響を与えた。メソアメリカのインディアンは大きなボールを互いに打ち合う神秘的な競技をおこなったが、唐王朝時代（六一八～九〇七年）の中国人もそれと同じような大きなボールを使うサッカーの一種を軍事訓練のためにおこなった。ルネサンスのイタリアでは、ジェントルマンが石畳の広場で大きなボールを使うゲーム、すなわちカルチョをおこなった。カルチョは戦争よりも重んじられていた。オラニエ公とその軍隊がフィレンツェのサンタ・クローチェ広場の上空を通過するように砲弾を発射したところ、試合中のプレーヤーたちはただ振り返り、オラニエ公にひわいな仕草を見せたあと、そのまま試合を続行した。

中世のフランスやイングランドの農民は、とくに四旬節が訪れる直前の告解火曜日に、村どうしで球技をおこなった。ダービーでは告解節の深酒を栄養源とし、セント・ピーターズとオール・セインツの二つの教区から人々が集まり、フットボールの試合をした。場所は三マイル〔約五キロ〕にわたる田園地帯である。試合の目的は、オール・セインツは水車まで、セント・ピーターズは門まで、ボールを蹴ったり、運んだり、投げたりして運ぶことだった。ルールらしいルールはなく、嚙み傷、すり傷、骨折も珍しくなかった。フットボールは村人たちのあいだにくすぶった遺恨を晴らす、またとない機会になった。一四一〇年と、アジャンクールの戦いの前年の一四一四年に、ヘンリー五世はフットボールではなく弓射の練習を命じた。エドワード四世は一四七七年にフットボールを禁止し、ヘンリー八世も一四九六年に同じ命を発したが、ほとんど役に立たなかった。フットボールはあまりにも民衆の習慣に溶け込んでおり、途絶えることがなかったのである。

◆サッカーとラグビー

一九世紀の半ば、イートン校の生徒たちは「壁際のゲーム」であそんでいた。一チームは二〇人で、一方は小さな庭のドアまで、他方は木の切り株まで、一二〇ヤード（約一一〇メートル）にわたるレンガの壁に沿ってボールを押し進めたり蹴ったりするゲームであった。ラグビー校には広い空間があったので、生徒たちはボールを蹴り、ボールを持ったまま走り、相手を押し、ハッキング（脛蹴り）や大規模なスクラム（密集した闘争）を伴うゲームを生み出した。ラグビー校は一八四五年にルールを印刷し、一八四八年にイングランドのあちこちの学校から一四人の代表者を集め、共通のルールを作り出して一緒にプレーできるようにした。イートンとラグビーの両校のあいだで、ボールを持って走るプレーを認めるかどうかで論争になり、その結果ラグビーならではの規範が否定された。イートン校は一八四九年に独自のルールをまとめたが、締め出された格好のラグビー校では一八五一年に楕円形のボールつまり蹴ってみたいとは思えない形状のボールを採用した。

フットボール協会が設立されて間もないころのサッカー
（Charles W. Alcock, *Football: Our Winter Game*, London: Field Office, 1874, no paged）

一八六三年にロンドンで新しく生まれたフットボール協会が、規則をまとめて混迷する論争に終止符を打った。すなわち足を引っ掛けて相手をつまずかせること、相手の脛を蹴ること、相手の動きを手で押さえることや手で押すこと、ボールを手に持って運んだり投げたりすることを禁止したのである。人々は「アソシエーション・フットボール」という煩わしい名称を、日常会話で「アソク」に、さらに「サッカー」に短縮した。ただし、それはアメリカ〔や日本〕に限られ、他の国々ではどこでも「フットボール」と呼んでいる。いっぽう、ラグビーの支持者は、フットボールが骨抜きにされたと言い残し、むっとしながらロンドンの会議から立ち去った。

かくしてサッカーは中世の農民のゲームに根ざす、中流階級の男子生徒の娯楽から誕生した。お金をかけずに遊べたし、しかもわかりやすかった。必要なものといえば、広々としたフィールドにボールとゴールだけであった。試合の目的は、手を使わずにボールを蹴るか、頭で突いて、ゴールに入れることである。ルールが進化すると、一チームにつき一一人のメンバーで、フィールドは長さ一二〇ヤード〔約一一〇メートル〕、幅は七五〜一〇〇ヤード〔約七〇〜九〇メートル〕、時間は四五分ハーフで試合がおこなわれるようになった。ルールといってもほとんどが反則と罰則に関する規定から成り、すべて数え合わせても一七項目だけだった。こうしてサッカーは急速に広まり、教会、工場、町などでクラブが次々に結成された。新聞が試合の結果に注目し、観客は観戦のために進んで出費するようになった。優秀な選手を集めて雇用するために必要な資金がこうして着々と蓄えられていった。

一八八三年にフットボール協会の全国選手権でランカシャーの労働者チーム、ブフックバーン・オリンピックが、ジェントルマンのアマチュアチーム、オールド・イートニアンをくだした。これは歴史的な瞬間であった。なぜなら、アマチュアのチームが選手権を制覇することはこのときからなくなったからである。つづいて一八八五年〔正しくは一八八八年〕には、プロフットボール・リーグが結成された。プロは一九〇五年から翌年にわたるシーズンに六〇〇〇万人の観客を集め、男性たちの重要な娯楽になった。サッカーはこうして労働者階級とつよいつながりを持つ「民衆のゲーム」になった。もっとも、エリートの学校でルールが成文化されたかどうかに関係なく、フットボール〔サッカー〕はある意味でいかなるときでも民衆のゲームだったのである。

他のスポーツ大会に比べて、サッカーの観客は無秩序である。群集の暴力は前代から存在したが、ことに一九六〇年以降、サッカーの騒乱はだれも驚かない現象になった。一九六四年ペルーのリマでは三〇〇人余りの人々が試合後の暴動で殺された。一九八二年モスクワのレーニン・スタジアムでは、三四〇人が将棋倒しで死亡。一九八九年イングランドのシェフィールドでは、観客がスタジアムに入ろうとして、九五人がフェンスに押しつぶされた。一九八五年ブリュッセルでおこなわれたヨーロッパ選手権で、観客席の暴動で三九人が殺された。一九八七年トリポリ〔リビア〕で、ナイフを振るう暴漢から逃れようとした二〇人のファンが死亡した。一九九一年南アフリカのオークニーでおこなわれた非公式戦の試合中に、少なくとも四〇人が喧嘩で亡くなった。二〇〇〇年のヨーロッパ選手権の期間中、ベルギー当局はトラブルを防ぐため、イングランド人のファン四六四人を逮捕して本国へ送還した。

社会学者のエリック・ダニングはそうした「フーリガニズム」について下層階級の男性の欲求不満に原因があるとし、フーリガンは群集の暴力を楽しんでいると説明した。サッカーの試合自体は副次

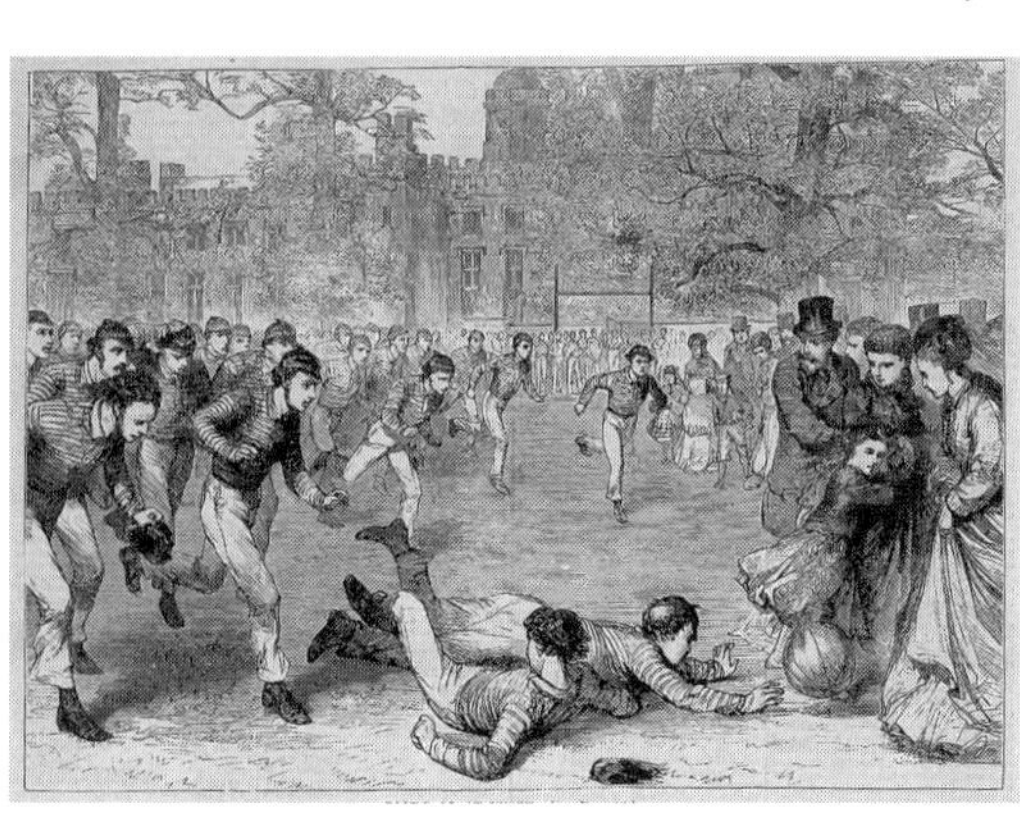

ラグビー校でのフットボールの試合（*Harper's Weekly,* Febrary 5, 1870, p. 92）

的なものにすぎない。『殺し屋の中で』（一九九〇年）を著したジャーナリストのビル・ビュフォードはイギリスのフーリガンと交わした会話の中で、そのことを確信した。「暴力。そいつがオレたちみんなの中にあるんだ。理由があればいい。そいつを吐き出す、うまい方法が欲しいんだ」。サッカーの試合を主催する都市や国家が暴動の解決策として実施できたのは、群集の管理、堀を造るなどのスタジアムの改修、問題を起こしそうな前科のあるフーリガンを追放することくらいしかなかった。

他方で、ラグビー校の生徒たちは自分たちのスポーツを発達させる道を頑なに歩みつづけた。一八七一年にラグビー・フットボール連盟が結成され、手でボールを扱うことを認めたが、「可能ならボールを蹴る、むりなら脛を蹴る」という古い信念を支えてきたハッキングをとうとう禁止した。一チームを一五人に制限し、フィールドもサッカーと同じ広さにとどめ、最終的に、エンドラインまでボールを運んだら五点、ゴールポストのあいだにボールを蹴り入れると二点という得点法を導入した。一八八〇年代に、新しいルールによって横方向のパスと敵陣の走り込む戦術が生まれた。ただし連盟はタックルのほか、殴り合い、小競り合い、押し合いを伴うスクラムを排除しなかった。ラグビーはサッカーよりも攻撃的で肉体的なスポーツでありつづけ、おもな活動場所もあいかわらず中・上流階級の学校であったのである。

プロフェッショナリズムを認めないひたむきな選手は、ユニフォームに背番号をつけることさえも拒んだ。ある試合で、ジョージ五世が選手を見分けられないと不満を訴えると、スコットランドの関係者は「これはラグビーの試合であり、牛を売るわけではない」とすかさず言い返した。このような厳格さと階級差別に対抗して、一八九五年に北部ラグビー・フットボール連盟（のちにラグビー・フットボール・リーグ）が結成され、さらに「休業補償」、つまり試合に参加することで勤務先から支払われない賃金を補償する制度が認められた。その結果、勤労者もラグビーに参加できるようになった。一チームの人数を一三人とし、タックルのあとは速やかにボールから手を放すなどの一連のルール変更は、ラグビーのスピード感をより高め、空間をより広く使うゲームに変えていった。このルール変更により、二〇世紀初頭にラグビーが海を越えてオーストラリアやニュージーランドへ伝わる動きに拍車がかかった。

◆アメリカンフットボール

ラグビーから直接影響を受けたアメリカンフットボールはアメリカでは広く普及しているスポーツだが、他の国ではあまりおこなわれていない。ラグビーと似ている点は、細長い楕円形のボール、タックル、大きな長方形のフィールド、タッチダウン（ラグビーではトライ）、H字型のゴールポストを通ると得点になることである。どちらも身体接触を伴うスポーツだが、アメリカの選手は重装備である。アメリカンフットボールはラグビーやサッカーと同じ時代に同じような学校の雰囲気の中で発展した。最初の試合は東部地域の大学であり、新入生と二年生が対戦する学内の闘争であったが、一八六九年にラトガーズ大学とプリンストン大学が双方のキャンパスでフットボールの試合を一回ずつ実施した。試合は一チーム二五人で、サッカーのようなルールだった。

一八七四年にモントリオールのマギル大学はハーバード大学と二回にわたり試合をした。試合のルールは一回目と二回目で変更したが、ルールはラグビーのようであった。翌年エール大学はラグビーとサッカーの規則を組み合わせたゲームで、ハーバード大学と対戦した。一八七六年にコロンビア、ハーバード、プリンストン、エールの各大学は混乱を抑えるために、インターカレッジ・フットボール協会（IFA）を設立して、試合の日程を調整し、ルールを体系化した。

一八八〇年代になると、エール大学のウォルター・C・キャンプ（一八五九～一九二五年）が主導して、ルールを次々に改正した。アメリカンフットボールはかくしてサッカーとラグビーから分岐した。キャンプは一八七五年から一八八二年までエール大学の学生選手であったが、のちに同大学の無給のコーチになり、大学の代表者としてIFAに参加した。彼は近くのニューヘイブンの時計工場で働いていたが、アメリカンフットボールに特有の時間に対するこだわりはそのせいかもしれない。一八八〇年以降キャンプの提案により、プレーヤーが倒れたときには必ずプレーを停止し、（戦闘の一種を表す「スカーミッシュ」から着想を得た）「スクリメージライン」から、ボールをクォーターバックまで蹴り戻せるようになった。これを「ダウン」といい、試合の動きを停止させ、サッカーやラグビーなら見慣れた流動性に著しい中断をもたらした。キャンプはチームの人数を一五人から一一人に減らしたのに続いて、攻撃側がボールを支配しつづけるために、三連続ダウンでボールを五ヤード移動することを推奨した（現在は四ダウンで一〇ヤード）。キャンプはまた、タッチダウン、フィールドゴール、追加ポイントなどの得点の方法も改正した。

アメリカンフットボールの試合。当時はまだ防具が発達しておらず，けが人も多かった（*Harper's Weekly,* October 31, 1891, p. 344）

ダウンした地点を追跡するために、フィールドに印をつける必要があったが、最初のうちはフィールドに縦と横の線を石灰でまっすぐに引いて、「焼き網（グリッドアイアン）」のような模様を描いていた。フィールドの外に出たボールを置くために、目印として「細切れの線」を優先したことから、最終的に縦の線がフィールドから削除された。ただし「焼き網」という言葉自体は、フットボール場の用語としていまも残っている。二〇世紀には、大小を問わず、フットボール競技場がアメリカの都市景観の目印となった。例えば一九二〇年代から三〇年代にかけて、エール大学は六万七〇〇〇人のファンを収容するコンクリート製の施設を建設した。オハイオ州では六万四〇〇〇人の施設、一九三二年のオリンピック開催を視野に入れたロサンゼルス郡では七万五〇〇〇人の施設、シカゴではプロフットボールのためにソルジャーフィールドを建設した。フットボールと野球の大きなスタジアムは、「大リーグ」のイメージを望む都市になくてはならないものになった。

アメリカンフットボールが各地の大学に広がるにつれ、負傷に対する懸念が高まった。一九〇五年には、高校生と大学生を合わせて一八人が死亡した。その後、セオドア・ローズベルト大統領がホワイトハウスで協議会を開き、この問題について話し合ったが、進展はとくに見られなかった。ニューヨーク大学の学長ヘンリー・B・マクラッケンは、同年におこなわれたユニオンカレッジとの試合で学生一人を失った。それを契機に、ゲームを改革するために六二校の大学に会議を呼び掛けて、フットボールをより安全なものに改めていった。当初はインターカレッジ・アスレチック協会と命名された組織は、一九一〇年に名称を変えて全米大学体育協会（NCAA）となった。この協会はもともとアメリカンフットボールのためにできた組織であったが、のちに大学スポーツ全体の統轄団体となった。

NCAAは、選手が前方に走ろうとしているときに、防御側の選手が互いに腕を組んで相手を妨害する戦術を禁止するとともに、攻撃側の選手七人をスクリメージライン上に配置するよう要求した。これにより、攻撃側の選手が「くさび型」の隊形を組んで、防御側を突破する「フライイング・ウェッジ」戦術ができなくなった。ヘルメットやショルダーパッドなどの防具を使用することによって、ゲームはいちだんと安全なものになり、ダニングの用語を借りるなら、より「文明化」したのである。NCAAがフォワードパスを合法化すると、ボールはラグビーボールのような太い楕円形から、もっと投げやすい、細長い楕円形に変わった。

ノートルダム大学のクヌート・ロックニ、カーライル工科大学やその他のグレン・S・〝ポップ〟・ワーナー、ミネソタ大学のバーニー・バイアーマン、スタンフォード大学のクラーク・D・〝チャック〟・ショーネシーといった傑出したコーチが、敵を欺くプレーを考案した。だが、群を抜いて影響力があったのは、プロのグリーン・ベイ・パッカーズを率いたヴィンセント・T・ロンバルディ（一九一三～七〇年）であった。プロフットボールは週末にプレーするさまざまなチームが登場したことにより開花し、そうしたチームのオーナーが一九二〇年にアメリカン・プロフットボール協会を設立した。その二年後、名称をナショナル・フットボール・リーグ（NFL）に改めた。

ロンバルディはアシスタントコーチとして経験を積んだあと、たいして強くないパッカーズの監督に一九五九年に就任した。最初のミーティングで「諸君、私は負けるチームに参加したことがないし、これからも参加するつもりはない」とチームに宣告した。ロンバルディは第一回と第二回のスーパーボウルを含む、五つの選手権を制覇した完璧主義者であった。「勝利はすべてではない、唯一絶対なのだ」という有名な文句は、おそらく不正確にロンバルディのものとされているが、彼は「勝利はここにたまたまあるのではない、常にあるものだ」と言ったのである。ロンバルディ以来、アメリカのスポーツ界では、過度に勝利を強調し、敗北を軽視するようになった。

ダラスの石油大富豪ラマー・ハントとヒューストンのK・S・〝バッド〟・アダムスは、NFLからプロのフランチャイズを認められず、一九六〇年にアメリカンフットボール・リーグ（AFL）を結成した。プレーヤー、名声、テレビ報道をめぐる、両リーグ間の激しい争いを経て、二つの団体は一九六七年に合併した。これで最初のスーパーボウルがリーグ・チャンピオン同士で実施できるようになった。ニューヨーク・ジェッツのクォーターバック、ジョー・ウィリー・ネイマスが精密なパスを駆使してボルチモア・コルツを引き離し、一六対七で勝利するスーパーボウルⅢまで、批評家はAFLを弱くて価値がないと考えていた。試合前、自信満々のネイマスは「我々は勝つつもりだ。それを保証する！」と公言した。この試合でようやくAFLへの批判に決着がつき、スーパーボウルはアメリカでいちばん華やかなスポーツの祭典になった。

アメリカンフットボールはフィールドの大きさや選手数を多少調整することによって国境を超えてカナダへも普及したが、北米以外ではあまりプレーヤーを惹きつけていない。その明らかな理由は経費がかさむこと——このスポーツは毎年、主要な大学の運動予算の約四〇％を費消する——と、その複雑さにある。サッカーよりもルールがはるかに多く、攻撃と防御に要する戦略も複雑で、男性の強さと力を強調する。アメリカンフットボールは良くも悪くも戦士のゲームであり、宗教的に認められていることを含意する、勇壮な剣闘士の衝突のようにみえる。

名高いスポーツ作家グラントランド・ライス（一八八〇～一九五四年）は、一九二四年におこなわれたノートルダム大学と陸軍のチームの試合のあと、同大学の後衛について報告した。「一〇月の青みがかった灰色の空を背景に、〔ヨハネの黙示録に記される〕四人の馬乗りが再び走り出した。その名は飢饉、疫病、破壊、死として知られている。もちろんこれは別称にすぎない。四人の本当の名前はストゥールドレア、ミラー、クロウリー、レイデンである」。選手の名前は長らく忘れ去られていたが、ノートルダム大学の四人の馬乗りのイメージまでも忘れられたわけではない。この新聞記者の言葉は、わざわざ黙示録の四人の馬乗りを持ち出すなど、スポーツ記事にありがちな大げさな表現であったが、宗教とのつながりもあわせて表現していたといってよい。この引用はいまなお忘れられずにいる。

◈バスケットボールとバレーボール

アメリカは新種のフットボールで独自の暴力的なゲームを世界に提供したとするなら、バスケットボールとバレーボールを通じて、大きなボールを使う、より穏やかな二つのスポーツも提供したといえる。伝統的なルーツから発展した多くの近代スポーツとは異なり、バスケットボールとバレーボールはじつは青年キリスト教協会（YMCA）の指導者が発明したものだった。この二つのスポーツの歴史は、一八四四年にロンドンで若者の社会的・宗教的な避難所として始まった「Y（ザ・ワイ）」の歴史と切り離せない。そこには、都市生活の誘惑に抗おうとする若い青年に健全な代替物を提供しようとする意図があった。世界中に建てられたYMCAの無宗派の施設には、しばしば寮、食堂、体育館、プール、そして授業や宗教研究のために集まる部屋があった。YMCAの支部が世界の各都市に広がるに

石川源三郎がアメリカのYMCAに留学中に描いたスケッチ。石川はバスケットボールを初めてプレーした生徒の一人であった（Edward Barry Mitchelson, *The Evolution of Men's Basketball in Canada, 1892–1936,* 1968, p. 20）

つれて、ＹＭＣＡは支部を新設するために、指導者を計画的に育成した。そのロゴは逆正三角形で、知性、身体、精神に奉仕するという目的を象徴していた。

ルーサー・Ｈ・ギューリック（一八六五〜一九一八年）は一八八七年から一九〇〇年にかけてマサチューセッツ州スプリングフィールドにある国際ＹＭＣＡ訓練学校で体育を指導していたが、三角形のシンボルを振興するとともに、体育館でおこなわれていた単調な体操から解放する、新しいスポーツを開発した。一八九一年、ギューリックは指導者の中からジェームズ・ネイスミス（一八六一〜一九三九年）を指名し、冬季に室内でもできる球技を考案するよう依頼した。マギル大学のラグビーチーム主将の経歴をもつカナダ人ネイスミスはこの課題に取り組む中で、固い板張りの床で走ったり、タックルしたりする発想をまず斥けた。ネイスミスはまた、ゴールを地上に置くと簡単にボールが入ると考えて、箱のようなものを高く上げることによって、ボールをアーチ状に柔らかく投げないと、その箱に入らないようにした。

学校の用務員がゲームのために木製の桃の籠を見つけ、その籠を床上約一〇フィート（約三メートル」の手すりに釘で打ち付けた。ネイスミスはルールを工夫して、プレーヤーどうしがボールをパスして、籠にシュートすることができるようにした。サッカーボールを使い、どちらかというと消極的なクラスを一チーム九人に分け、「バスケット・ボール」という名の新しいゲームを船出させた。ボールが桃の籠に入ると、用務員はそのたびに梯子を登ってボールを取り出す必要があったので、ゲームの方法をさらに工夫する必要があった。

結局バスケットボールは、二〇分ハーフ、二点を数えるフィールドゴール、ファウル時はフリースローをして入れば一点、ボールと一緒に走ることができるドリブル、ボールの標準サイズ、一チーム五人、頑丈なバックボード、ボールを入れると自然に落ちるネット付きのフープなどのルールを採用した。それは非接触型のスポーツを意図していた。二〇世紀初頭、ＹＭＣＡは他のスポーツ組織と協力しながらルールの細かい点を調整したが、ゲームの狙い――バスケットにボールをシュートして、より多くの得点をとること――は、世界中の人々にもわかりやすいものだった。ＹＭＣＡは世界中に行き届くニュースレターでこのゲームを宣伝し、新しいスポーツは間もなく学校にも導入された。一八九五年までにバスケットボールはアメリカとカナダだけでなくイギリス、フランス、中国、インドでもおこなわれるようになった。バスケットボールの熱心な支持者たちは、参加者の数でもファンの数でも、バスケットボールこそ世界で最も人気のあるスポーツだと主張している。

バレーボールも同じような創造と普及の過程を辿った。ウィリアム・Ｇ・モーガンはネイスミスの教え子の一人で、マサチューセッツ州ホルヨークのＹＭＣＡの体育主任になった。彼は、バスケットボールでは激し過ぎると考える中年の実業家のために、楽しく、穏やかで、身体接触のないゲームができないものかと考えた。一八九五年にモーガンは、頭の少し上に置かれたネットの上を、大きなボールを手で打って行ったり来たりさせるチーム・ゲームを考案した。モデルはバドミントンであり、一八九六年にスプリングフィールドで開催された会議で実演が披露された。

やがてルールが調整され、一チーム六人のプレーヤー、ネットの高さはほぼ八フィート〔約二四〇センチ〕、サービス・ポイント制で一セット一五点、最大五セットの試合制度ができた。A・G・スポルディング社は新しいゲームに適した軽量のボールを製造した。バレーボールはバスケットボールのように理解しやすく、値段も手ごろで、そして面白かった。新しいゲームはバスケットボールのように世界のYMCAのネットワークを通じてまたたく間に広がった。

◈水　泳

一九世紀最後の同じ期間に、他の近代スポーツも発展した。水泳、陸上競技、レスリング、フェンシング、スキー、ボクシングである。これらも組織的なスポーツとして新たに登場した。水泳は古代のエジプトやギリシアでも注目されていた。パウサニアスはディオニュソス神に敬意を表して、水泳のレースを開催したと記している。一五八七年にイングランドでは、エヴァラード・ディグビーが水泳の技法書を出版し、日本では徳川時代の終わりに藩校で水泳が伝授されていた。一八二八年には早くもイングランドのリバプールでプールが開かれ、一八三七年にはロンドンでプールが六カ所あり、競技会も開催された。一八六九年にメトロポリタン水泳クラブ協会がテムズ川に架かるプットニー水道橋とハマースミス橋のあいだで一マイル〔約一・六キロ〕の水泳選手権を開催した。オーストラリアのシドニーでは、一八四六年に海上競技会が開催された。一八七六年に結成された、カナダのトロントのドルフィン水泳クラブは、一年後に選手権を開催し、七名が参加した。ニューヨーク・アスレチック・クラブは一八七七年に全米選手権を開始した。一九一〇年までにアメリカで二九三カ所のプールを保有したＹＭＣＡは、命を救うこの技法を人々に広めるために「アメリカ中に水泳を教えよう」というキャンペーンをくりひろげた。水泳への関心はこうして高まった。

初期の水泳選手はたいてい平泳ぎで泳いでいた——一八七五年に英仏海峡を初めて泳いでわたったマシュー・ウェッブ（一八四八〜八三年）のように。しかしジョン・アーサー・トラジオンが一八七三年に南アフリカで、腕を交互に水面から出しながら大きく回し、あおり足で泳いでいるのを見て、みずからもその泳法を身に付けた。一九〇二年にリチャード・キャビルがイングランドに紹介したオーストラリア流の泳法は、腕を大きく交互に回し、足はバタ足であったので、より速く泳ぐことができ、トラジオン・ストロークにとって代わった。シドニーで水泳の指導者として働いていたキャビルの父親がソロモン諸島でこの泳法を目撃して、自分の子供たちにも教えたのである。そのあと、アメリカ人はハワイの六ビートのバタ足〔左右の腕を一回ずつかくあいだに足を交互に計六回キックする〕を採用し、さらに腕を大きく回す方法を組み合わせた。これで最速の泳法アメリカン・クロールがついに完成した。ニューヨーク市の女性ガートルード・エーダリ（一九〇六〜二〇〇三年）が一九二六年にこの泳法を使って英仏海峡を横断し、それまで男性が達成していた最高記録を二時間以上も短縮した。シカゴのイリノイ・アスレチック・クラブに所属したジョニー・ワイズミュラー（一九〇四〜八四年）はアメリカン・クロールで八八〇ヤード〔約八〇〇メートル〕以内の記録をすべて更新した。一九二七年に樹立した一〇〇ヤード〔約九〇メートル〕五一秒の記録は、一九四三年まで破られなかった。背が高く胸板が厚くてハンサムなワイズミュラーは、その運動能力を一九作に及ぶターザン映画でも存分に発揮し、国際的なスポーツスターとしていち早く名をあげたのである。

◆スキーとアイスホッケー

スキーは水泳と同じように長い伝統を持っているが、バルト海からアジアにわたる寒い国々に限られていた。ロシア北部とスカンジナビアの沼地から四〇〇〇年前のスキー板が発見されており、北欧の「サガ」にはクロスカントリー競技への言及がある。とはいえ最初の近代的な競技会は、スキーを装着したノルウェーの軍隊が一七八七年に実施した競技会であった。種目は、スキーを履いた射撃、森林地の行軍、滑降、フル装備でのランニングからなり、入賞者には賞金が用意されていた。一八二六年に軍事部隊は解散したが、地元の市民クラブがこのスポーツを採用して競技会を開催した。一九世紀の後半にスカンジナビア人は世界中に移住し、娯楽や冬の移動のために使っていたスキー板をオーストラリアやアメリカへも持ち込んだ。

クロスカントリースキーやジャンプなどのノルディックスキーは、滑降を主とするアルペンスキーとともに、一九〇〇年までにヨーロッパで裕福な人のスポーツとなった。ノルウェー人は一九一〇年に国際会議を開催し、ルールを制定した。その後一九二四年に国際スキー連盟（FIS）が創設されると、スキー競技の国際統治機関となった。アクロバットスキー、すなわちフリースタイルスキーは一九〇〇年以来、プロのスキーショーではおこなわれていたが、一九七〇年代まで競技としておこなわれることはなかった。スノーボードは一九六六年に最初は「スナーファー」、つまり雪上サーファーのために製造されたが、やがて人気を集めるようになり、いまや娯楽として楽しむスキーと肩を並べるようになった。一九九八年の冬季オリンピックからは公式競技にも採用されている。

フッド山をのぞむティンバーライン・ロッジ。現在も一帯はスキーリゾートとして有名であり，ホテルはアメリカの重要歴史建造物に指定されている（*Kappa Alpha Theta Journal,* Vol. 67 no. 4, 1953, p. 9）

一九二〇年代までにヨーロッパの多くの山岳地帯では、冬季の観光が理解されるようになり、スキー場も建設された。アメリカは商機に乗り遅れていたが、大恐慌の救済プロジェクトとして冬のリゾート地ティンバーライン・ロッジをオレゴン州ポートランド近くに建設した。第二次世界大戦後にスキー関連の産業が開花したのは、海外から帰国したスキー部隊が西部のロッキー山脈でスキーを娯楽として引きつづき楽しんだからである。例えばコロラド州で訓練を受けた第一〇山岳師団の団員は、同じコロラド州の古い炭坑村アスペンをスキーの町として再生させるために戻ってきた。

同じく寒冷地のスポーツであるアイスホッケーは、中世のヨーロッパ人が約二〇〇〇年前から使っていたアイススケートを履いて、凍った運河や池で打球技をおこなったのが始まりのようだ。近代的なアイスホッケーが誕生したのは一八七五年である。カナダのモントリオールにある屋内スケート場ヴィクトリア・リンクで、J・G・A・クレイトン（一八五〇〜一九三〇年）をはじめとする青年が、ラグビー、ラクロス、ポロ、シンティ（ホッケーに似た打球技の一種）のルールを組み合わせて試合をした。ルールはさらに進化した。すなわち、選手は一チーム九人から七人に制限し、パックは木の塊からゴム製ボールへ、さらに円盤型の硬質ゴムへと進化した。プレーを開始または再開するときには、選手が必ず一対一で対峙してからスタートするようにした。相手を掴む行為や足を引っかける行為は反則とされた。

一八九〇年代までにカナダの東部地方で多数のチームが生まれ、カナダ総督を務めたプレストンのスタンレー卿（一八四一〜一九〇八年）が、カナダでいちばん強いチームに手渡そうとカップを寄贈した。リーグ間のプレーオフには数千人もの観衆が集まり、強豪チームは有能な選手に現金を手渡したり彼らを雇用したりするようになった。二〇世紀初頭、公然たるプロチームがカナダの至る所で誕生し、一九一七年のナショナル・ホッケー・リーグの結成につながった。その間アイスホッケーはイギリスやヨーロッパの男性プレーヤーや、アメリカ東部の大学生のあいだでも人気が高まった。一九二〇年代後半にプロのアイスホッケーがアメリカ北東部へも広がるとともに、アマチュアホッケーが冬季オリンピックに採用された。ただし、アイスホッケーは気候や必要な資源に恵まれないかぎりできないので、アジア、中東、アフリカ、南アメリカではほとんどおこなわれていない。

◈ランニングと投擲

走ったり投げたりすることへの関心は、水泳やスキーがそうであったように、古代から現代まで絶えることはなかった。例えば中国では、ランニングは軍事的な技能として評価され、元朝時代（一二七一～一三六八年）には帝国の護衛たちが九〇キロを六時間で走れるよう要請されていた。ほかにも、スコットランドのハイランドゲームズの例がある。氏族の軍事的な集まりを連想させるもので、速さと強さが強調されていた。スコットランド人が投げた物は、河原の石やハンマー、丸太であった。カロデンの戦い（一七四六年）のあと、この競技会はいったん抑圧されたが、一九世紀初頭になって地域の祭典として復活した。一八二二年にインヴァネスの大会で八マイル走が加わり、一八三七年のブレマーの大会ではハンマー投げ、石投げ、三段跳び、短距離走がおこなわれた。一八四八年にヴィクトリア女王は開催中のブレマーの大会を訪問して華を添えた。一九世紀に海外へ移住したスコットランド人はどんなところでもハイランドゲームをおこなった。彼らはじっとしていられない質（たち）だったのである。

アメリカでは一八六八年に熱心な陸上競技の愛好家一四人が集まり、ニューヨーク・アスレチック・クラブ（ＮＹＡＣ）を設立し、エリシアン・フィールズ〔野球の発祥地としても知られる〕にクラブハウスを建てた。その土地はホーボーケンのジョン・コックス・スティーブン家の所有地の一部で、もともとニューヨーク市の上流階級の陸上競技クラブのために確保されていた。ＮＹＡＣは一八七六年に初の全米陸上競技選手権、一八七七年に初の全米水泳選手権、一八七八年にボクシング、フェンシング、レスリングの初の全米選手権を開催した。

◈アマチュアリズム

当時のクラブはイングランドから一つの理念を受け継いだ。報酬を得るために競技をしない、あるいはスポーツの指導で生計を立てないという、アマチュアの選手たちの理念である。この理念は、スポーツを愛して競技をおこなうアマチュアと、運動競技によってお金を稼ぐプロ選手とのあいだに、境界線を引くものだった。前述のウォルター・Ｃ・キャンプが述べるように、「ジェントルマンは運動能力で生計を立てたりしない。ジェントルマンは栄光と満足以外に、勝利からは何も得ようとしないものだ」。

アマチュアリズムは二〇世紀後半に断念されるまで、スポーツの発展を抑えるとともに、下層階級を差別する有害な概念であった。一八七九年にＮＹＡＣは草創期の個人スポーツを管理する権限を全米アマチュア選手協会に進んで譲り渡し、さらに一八八八年にはその権限をアマチュア競技連合（ＡＡＵ）に明け渡した。ＡＡＵは世紀末まで二五万人のアスリートをアマチュア規定により支配した。

◆プロフェッショナリズムとボクシング

対照的に、プロフェッショナリズムは、初期の古代オリンピックの時代からボクシングと一緒に隆盛した。人々は観戦料をたとえ支払ってでも面白い試合を見ようとし、また賭けの機会としても利用しようとしたからである。一八世紀初頭、ジェームズ・フィッグはロンドンで「男らしい護身術」を教える学校を開いた。フィッグは剣、棍棒、拳を使って身を守る格闘法をジェントルマンに教えるとともに実演用の集会場も建設した。集会場には「リング」と呼ばれるせり上がった円形ステージが置かれ、その周りには数百人の観客が取り囲める場所があった。一七二七年にフィッグはグリニッジのパイプ職人ネッド・サットンから挑戦を受けた。賭けに集まった群衆の中に、国王のジョージ一世も加わり、フィッグがサットンの肩を剣で切り裂き、拳で倒して、棍棒で膝を砕く姿を見届けた。フィッグは三六歳で富を築いたまま引退した。

女性どうしの懸賞拳闘試合もフィッグのリングやその他の会場でおこなわれ、からだにぴったりしたジャケット、短いスカート、白いストッキング、ハイヒールといった装いで闘った。女性は夫を伴い、四〇ポンド以上の賞金を懸けて、剣や短めの棒（棍棒）を使い、もう一組の夫婦と戦った。情報は少ないものの、通称「シティ・チャンピオン」ことストークス夫人が、円形劇場でアイルランドのヒロインと対戦し、一七六八年にこれまた通称「激しいペグ」が、格上の対戦相手をくだしたという。

フィッグの教え子ジャック・ブロートンが教えを引き継ぎ、イングランド随一のボクサーになった。

一七四一年にブロートンは壮絶な試合中、相手の心臓の下部を殴って死なせてしまった。動揺したブロートンは残忍さを少しでもなくそうと一連のルールを考案した。組み合うこと、腰から下を殴ること、倒れた相手を殴ることを禁止し、いっぽうでノックダウンしたとき三〇秒まで休む行為を合法化した。ラウンド制の発想をルールに導入したが、一ラウンドの時間やラウンド数は無制限であった。選手がリング中央の「開始線に戻る」ことができなくなるまで闘いつづけ、グラブは練習のときにのみ使われた。四六歳になったブロートンは多額の賭け金をともなう試合で敗れたあと、引退を決意した。ブロートンが定めたルールはその後も生き残り、一七八九年に亡くなったときには、光栄にもウェストミンスター寺院の中庭で、名だたる政治家、軍人、作家たちに立ち会われながら埋葬された。

史上初の国際試合の一つに数えられるのは、奴隷の身から逃れたといわれる黒人トム・モリノーが、一八一〇年にニューヨークを発って、イングランドを代表する拳闘家トム・クリブに挑戦した試合であった。モリノーは第二九ラウンドに目を開けられなくなり、第三九ラウンドで体力を消耗して崩れ落ちた。試合は第四四ラウンドまで続き、クリブがモリノーをノックアウトした。一八一一年の再戦時には四万人のファンが集まった。クリブは第一〇ラウンドでモリノーのあごを砕き、第一一ラウンドでモリノーをノックアウトした。クリブは手に入れた賞金でロンドンの中心にパブを開店したが、その後も客足が絶えず、現在も営業している。いっぽうのモリノーは地方に流れてボクシングの公開実演をおこなっていたが、一八一八年にアイルランドのゴールウェイで無一文のまま死亡した。

一八六〇年に大西洋をまたぐもう一つの試合があった。アメリカのチャンピオン、ジョン・C・ヒーナンがロンドン郊外でトム・セイヤーズと対戦した試合である。イギリスの貴族たちは下層階級の人々の群れに加わり、二時間二〇分におよぶ殺戮を目撃した。ヒーナンは身長六フィート一インチ〔約一八五センチ〕、体重は一九〇ポンド〔約八六キロ〕だった。セイヤーズは五フィート八インチ〔一七三センチ〕、一六〇ポンド〔約七三キロ〕である。第七ラウンドに、セイヤーズは肉離れか骨折によって右腕が使えなくなったが、そのまま闘いつづけた。最終的に両者は血まみれになって疲れ果て、群衆も統制が取れなくなり、審判は引き分けを宣言した。

この惨劇のあと、第八代〔正しくは第九代〕クィーンズベリー侯爵のジョン・ショルト・ダグラスがボクシングを「文明化」するために、一八六七年にクィーンズベリー・ルールと呼ばれる規則を提案した。すなわち一ラウンド三分で、休憩は一分、一〇秒でノックアウト、三階級の体重制、グラブの使用、腎臓、首の後ろ、腰から下への打撃の禁止を明文化した。プロにはラウンド数に制限がなく、アマチュアは通常三ラウンドのみ対戦した。

一八九二年にニューオーリンズでおこなわれた、通称「ボストン・ストロング・ボーイ」こと、ジョン・L・

ヒーナン対セイヤーズの試合。試合後は観衆が暴徒化した
（*Harper's Weekly,* May 5, 1860, pp. 280–281）

サリバン（一八五八〜一九一八年）と、通称「ジェントルマン・ジム」こと、コーベットとの王座を懸けた試合は、アメリカでクィーンズベリー・ルールが採用される端緒になった。それまでほとんど素手で闘っていたサリバンは調子が悪く、二一ラウンドで疲れ果てて腕を上げることもできなくなり敗退した。それでもサリバンは試合のあとリングサイドの群衆に向かってうやうやしくスピーチをこなし、このスポーツから引退した。その後は節制（禁酒）を唱導して評判になった。外交的なサリバンは公開実演を見せながら各地を巡り、一九世紀の終わりごろに登場した安くて人気のある新聞を通じて方々で評判になった。サリバンはアメリカで最初の国民的なスポーツの英雄となった。

サリバンは他の多くの白人の拳闘家と同様に、黒人と対戦することを避けていた。しかしテキサス州ガルベストンの港育ちの黒人ジャック・ジョンソン（一八七八〜一九四六年）は、ヘビー級選手権を手に入れる方法を見つけた。彼はチャンピオンのトミー・バーンズを世界中で追いまわし、一九〇八年についにオーストラリアで戦う手筈に持ち込んだ。ジョンソンはあっけなく勝つと、高級車に乗り、白人女性を連れ歩くなど、派手な生活を送ったが、そんな振る舞いは人種差別主義のアメリカに衝撃を与えた。アメリカでは不道徳な目的で女性を連れて他の州に移動すると有罪になり、ジョンソンは実刑から逃れるため、一九一三年にアメリカから脱出してヨーロッパに移住した。一九一四年に第一次世界大戦に巻き込まれて有り金を使い果たしたジョンソンは、一九一五年にキューバでジェス・ウィラード（通称「白人の希望」）と対戦することに同意した。だが、ジョンソンは二六ラウンド目で敗退した。メキシコで放浪したあと一九二〇年にアメリカに戻り、一年間の服役を受け、残りの人生をボクシングの公開実演で費やした。

ジャック・デンプシーをはじめとする優れた白人ボクサーの時代と、ジョージ・L・〝テックス〟・リカードの手により初めて大きな興業がおこなわれたあとに、もう一人の黒人ジョー・ルイスが一九三七年に王座に就いた。ジャック・ジョンソンと同じく、ジョー・ルイス（一九一四～一九八一年）も貧困の中で育ったが、デトロイトでボクシングを学び、手にした優勝賞金五九ドルを母親に贈った。ルイスは公の場で謙虚な姿勢を崩さず、一九三八年にはドイツのチャンピオン、マックス・シュメリングをノックアウトして、かつてジャック・ジョンソンに向けられた人種差別的な敵意を受けずにすんだ。というのもヨーロッパは第二次世界大戦のまさに前夜であったが、シュメリングは自分ではナチスと思っていなかったのに、ヒトラーとマスコミが彼を第三帝国の代表に仕立て上げていたからである。一九三六年にルイスはシュメリングに敗れたが、一九三八年の復帰戦でルイスが一ラウンド目でシュメリングをノックアウトした。「ブラウン爆撃機」ことルイスは一二年で二五回のタイトルを守り、第二次世界大戦に従軍したあと無敗のまま引退した。そのあと復帰戦に敗れ、多額の税金を滞納したが、その額は議会の特別法により救済が必要なほどだった。とはいえ、息を引きとったとき、アメリカの戦争の英雄たちが祀られる「戦士者の館（ヴァルハラ）」、すなわちアーリントン国立墓地に埋葬された。

ルイスほどの優れた戦績（プロで七〇戦六七勝五三KO）を残せなかったとはいえ、だれにも負けない現代の華やかなボクサーといえば、モハメド・アリ（プロで六一戦五六勝三七KO）であった。アリは一九六〇年のオリンピックでライトヘビー級を制し、プロボクサーに転向して、一九六四年にソニー・リストンからヘビー級王座を奪取した。同時に、彼は「ネーション・オブ・イスラム」、つまりブラック・ムスリムの信徒となり、名前をカシウス・クレイからモハメド・アリに改めて国中をあっと言わせた。一九六七年アリはベトナム戦争に加わるアメリカ陸軍への入隊を拒否した。「オレはベトコンに何の恨みもないんだよ」。アリがそう言ったのは、五年の実刑判決を宣告されたときだった。

しかしながらアリは弁護士のおかげで投獄されずにすみ、ボクシングのライセンスが戻るまで、反戦運動の代弁者として名をあげた。ボクシングをやめてから三年ぶりに復帰すると、最高裁は一九七一年にアリの判決を破棄した。アリはその後一九八一年に引退するまで、ジョー・フレイジャー、ジョージ・フォアマン、レオン・スピンクスら、名だたるボクサーと壮絶な戦いを重ねたが、一九八一年に引退する前からすでに、リング上の選手生活によって脳に慢性的な損傷を受けていた。アリは黒人の誇りを象徴し、不評な戦争に対する抵抗のシンボルとなった。アリはザイールやフィリピンで試合を組んだという点でも、技術の点でも、さら

王者ジョージ・フォアマンと対戦した挑戦者モハメド・アリが逆転KO勝利をおさめた（*Sports Illustrated,* November 11, 1974, p. 23）

に宣伝の才覚の点でも世界中で有名になり、おそらく世界で最初の国際的なスポーツヒーローになった。「オレは偉大だ」という決め台詞と、「蝶のように舞い、蜂のように刺す」という彼の魔法の言葉は、多くの人々の記憶に刻まれている。

◆自動車レース

ボクシングを支配したプロフェッショナリズムは、いっぽうでアマチュアの人気を低下させた。同じことは、人類の技術力を最も表現するスポーツにも当てはまった。自動車レースである。史上二台目の自動車が完成すると、いずれ初の自動車レースがおこなわれるのは運命である、そんな民間伝承もあるくらいだ。メーカーは最も速くて耐久性のある自動車を生産したことを証明したくて、少しでも何か発明があれば、ただちにレースを始めた。例えば一八九四年にパリ・ルーアン間でレースがおこなわれ、つづいて一八九五年にパリからボルドーへ行き、再びパリに戻る、もう一つのレースがおこなわれた。優勝したのはフランスの車で、平均時速一五マイル〔約二四キロ〕を記録した。一九〇六年にル・マンでグランプリ大会が開催され三二台が参加し、一周一〇〇キロのサーキットを一二周した。一一台の自動車が完走し、ルノーに乗ったフェレンツ・シスが平均時速六三マイル〔約一〇〇キロ〕で優勝した。

ヘンリー・フォードはアメリカで最初にレース専用の自動車を製造した。自転車レースの優勝者バーニー・オールドフィールドをドライバーとして雇い、一九〇四年に世界スピード記録となる時速九一マイル〔約一四五キロ〕を達成した。のちに全米自動車協会（ＡＡＡ）となるアメリカ自動車クラブは、一九〇八年にサバンナ〔ジョージア州〕で感謝祭の日にレースを主催し、二〇万人もの観衆を集めた。これは、この新しいスポーツに対する観客の関心がいかに高いかを示すものだった。ＡＡＡはこのレースを主催しつづけたが、一九五五年に複数の死者が出て評判が落ちると主催者から撤退した。

一九〇九年にインディアナポリス・モーター・スピードウェイが開業し、一九一一年に走路がレンガで舗装された。一九一一年の最初の戦没将兵追悼記念日に、この「レンガ工場」で五〇〇マイルレース（二〇〇周）が開催され、レイ・ハルーンが平均時速七五マイル〔約一二〇キロ〕で優勝した〔これがインディ五〇〇の起源である〕。最初の車両には、運転手のほかに整備士も乗せていた。一九三〇年代になると、車高を低くして一人乗りになった車は、平均して時速一〇〇マイル〔約一六〇キロ〕を超えるようになった。一九六一年オーストラリアのジャック・ブラバムがエンジンを後部に搭載したクーパー・クライマックスを運転して九位になった。これを契機にエンジンは座席の後ろに搭載されるようになった。アリゾナのアリ・ルイエンダイクは一九九〇年に平均時速一八六マイル〔約三〇〇キロ〕の実績を残した。

ヨーロッパのグランプリ大会は第一次世界大戦により中止になり、戦間期に復活して、第二次世界大戦中にもういちど中断し、戦後ふたたび始まった。レースカーといっても最初はたいてい乗用車を改造しただけであった。しかし一九二〇年から五〇年にかけて流線形のオープンカーになるとともに、フロントエンジン・リアドライブ方式が採用された。一九五〇年に第一回フォーミュラ1選手権が開催された。一九六〇年以降オープンホイール型のレースカーは、ドライバーと後輪のあいだにエンジンを配置して設計されるようになった。一九七〇年代に、メーカーは車体の前後にウィングを装着したくさび形のマシンを開発し、下向きの空力を高めてコーナリングを改善した。

国際自動車連盟（ＦＩＡ）は一九〇四年の設立以来、ドライバー、スタッフ、観客の安全を確保するために、レースの規則と車両の規格を何度も策定し調整してきた。例えば一九八〇年代にメーカーはターボチャージャーの付いたエンジンを導入したが、あまりにも高出力だったので、一九八九年にＦＩＡはそれを禁止した。興味深いことに、現在の規制では、一般の公道用の車両では安全対策と見なされる、タイヤが空転したりロックしたりすることを自動的に防止する機能や、四輪駆動が禁止されている。ドライバーの運転技術を重視するためだ。

フォーミュラ１の車両は驚くほど高価である――一九九九年にフェラーリがレースに掛けた予算は二億四〇〇〇万ドルであった――しかも不規則なコースや街路を巡るレースには危険が多い。一九五〇年以来、二四人に及ぶドライバーが死亡した。二〇世紀後半にイギリスは最も多くの入賞者を輩出したが、ドイツのミハエル・シューマッハ、アルゼンチンのファン・マヌエル・ファンジオ、フランスのアラン・プロストが、世界選手権を制覇した回数が最も多い。シューマッハは二〇〇〇年のＦ１選手権で五九〇〇万ドルを獲得した。このとき彼はタイガー・ウッズ（五三〇〇万ドル）やマイケル・ジョーダン（三七〇〇万ドル）を抜いて、世界でいちばん多くの年収を得たスポーツマンになった。Ｆ１レースはヨーロッパのメディアから強く支持されており、一五〇カ国で三億五〇〇〇万人のテレビ視聴者を誇っている。これより視聴率が高いのは、オリンピックだけである。

他のモータースポーツでも、ドラッグレースやオートバイレースのように同様に進化するが、最近アメリカでは改造した市販車によるレースが人気を集めているようである。このレースは、自家用車に乗って、通勤時の混雑の中を時速一五〇マイル〔約二四〇キロ〕の猛スピードで競走してみたいという幻想に訴えかけている。ウィリアム・H・G・〝ビル〟・フランスが率いる全米市販車競争協会（NASCAR）は、ありふれた市販車を路上から集めたレースを振興するために、一九四七年に創設された。

最初のレース——一九四九年にノースカロライナ州シャーロットの未整地の周回コースで賞金五〇〇〇ドルを懸けておこなわれた一五〇マイル〔約二四〇キロ〕レース——は、アメリカ製の大型車に乗るすべてのドライバーに門戸が開かれていた。九社の自動車メーカーから三一人ほどのレーサーが現れた。いちばん思い出深いレースの瞬間は、のちにプロレースで一一八五回も優勝したリチャード・ペティの父、リー・ペティが新しい愛車のビュイック〔乗用車のブランド名〕を何度も回転させて、車輪でうまく着地したときだった。ペティは大破した車両から降りてきて、走路の端に座り込み、話しかけてきた通行人にこう言った。「家に帰ったら妻になんて説明しようか、ちょっと座って考えているんだ。車でどこに行ってたかね」。

このレースでグレン・ダナウェイが優勝したが、通常よりも速く曲がれるようにリア・スプリングを改造した「密造」車を運転していたことが発覚して失格になった。NASCARは現在もフランスの親族が運営しており、こんにちでは大きな舗装されたサーキットを利用して、六万ドルから一二万ドルをかけて改造した、タイヤが車体からはみ出さない、高出力の車両で走るレースを実施し、一回の大会で最大一〇万人から二〇万人の集客を誇っている。レースの規則や、車内に据える補強用のフレーム、ゴム製の燃料タンク、クッションが施された壁など、安全面を意識して定められた数々の特徴が、このスポーツを文明化した。壮絶な事故も起こりうるが、ドライバーは自力で脱出できる――血を見ないスリルなのだ。

スポーツ組織

歴史家アレン・グットマンが特徴づけたような近代的な意味での世界のスポーツの大半は、一九世紀後半から二〇世紀初めの約六〇年間に、その独自性を獲得したように思われる。少なくとも、日程の策定、ルールの制定、選手権の開催を統治する機関が設立されたのは、この時代であった。いくつかの例外――競馬、クリケット、ゴルフ――もあるが、近代スポーツの組織の多くがこの期間に集中して創設された。西洋の大企業が合理的な組織化を進めるのに伴い、官僚主義の原則がスポーツの統轄団体の形成に及ぶことがあったとしても、おかしくない状況だった。多くの場合、教育を受けた役員たちが事業と同じように草創期のスポーツ団体を運営したことから、その手腕をある領域から別の領域に易々と移すことができたのである。

◆結　論

西洋にとって一九世紀は、富の増大、産業の成熟化、都市化、貿易と軍事力の海外進出の時代であった。それはまた、農村から都市に人口が移動し、人々が新しい生活の秩序と目的を模索した、混乱の時代でもあった。スポーツというものを造形するために不可欠の戦争、宗教、エロスといった初期の影響はいずれも残りつづけたが、近代化の圧力はスポーツに新たな意味を加えた。密集した人口は、アスリートには競争の機会を与え、興行師には競技会を開催する機会をもたらした。これはスタジアムの建設とプロフェッショナリズムの醸成につながった。

社会学者は近年のサッカー・フーリガンについて研究したが、遠い過去の観衆の歴史については階級、場所、ジェンダーといった多くの課題を残したまま、総じて無視してきた。とはいえ、観衆は一定の楽しい気晴らしや一体感をいつでも経験していたように思われる。そうでなければ、人はなぜスポーツの試合にわざわざ足を運ぶのであろうか。退屈な工場や事務作業のときには、ボクシング、競馬、野球、ランニング大会の思い出がいっそう鮮やかになる。スポーツの話題は会話の種になり、変化の乏しい日常から気分を逸らし、人生をより豊かにする。スポーツの試合は社会に認められるレクリエーションの重要な供給源になったのであり、ピューリタニズムの禁圧も、もはや都市の世俗的な状況の中では通用しなかった。近代スポーツはそれゆえ同時代の産物にほかならず、その時代の文化の反映なのである。

さらに読み進む人のために

スポーツに関する一般的な情報は以下の通り。

David Levinson and Karen Christensen (eds.), *Encyclopedia of World Sport* (Santa Barbara, California: ABC-CLIO, 1996), 3 vols.

William J. Baker, *Sports in the Western World* (Urbana: University of Illinois, 1988).

Maarten Van Bottenburg, *Global Games* (Urbana: Illinois, 2001).

Norbert Elias and Eric Dunning, *Quest for Excitement: Sport and Leisure in the Civilizing Process* (New York: Basil Blackwell, 1986).〔ノルベルト・エリアス、エリック・ダニング著、大平章訳『スポーツと文明化――興奮の探求』法政大学出版局、二〇一〇年〕

Ralph Hickok, *The Encyclopedia of North American Sports History* (New York: Facts on File, 1992).

David G. McComb, *Sports: An Illustrated History* (New York: Oxford, 1998).

以下も参照。

Bill Buford, *Among the Thugs* (New York: Vintage Books, 1990).

Allen Guttmann, *Sports Spectators* (New York: Columbia, 1986).

Richard Holt, *Sport and the British* (New York: Oxford, 1990).

Howard G. Knuttgen, Ma Qiwei, and Wu Zhongyuan (eds.), *Sport in China* (Champaign, Illinois: Human Kinetics, 1990).

Hans Westerbeek and Aaron Smith, *Sport Business in the Global Marketplace* (New York: Palgrave Macmillan, 2003).

第3章　スポーツのグローバル化

近代スポーツは個人の熱意をはじめ、キリスト教の布教活動、スポーツの統轄団体、軍事的占領、オリンピックなどの影響により西洋諸国から世界中に広がった。本章の主要なテーマはこれらの要素から構成されている。スポーツは西洋人の文化的な携行品の一つであった。西洋人はこれを携えながら、帝国、貿易、影響力を追い求めて外国へと進出していったのである。スポーツに対する西洋人の考え方も、意図的であれ偶然であれ、西洋の習慣を受け入れたり模倣したりする人々に伝えられた。しかしスポーツならどんなスポーツでも西洋で生まれて他の諸国へ一方的に伝播したわけではない。ポロや柔道のように、西洋の近代スポーツの特性を獲得したあとスポーツの世界的なネットワークに参入したスポーツもある。

スポーツ界で厳格な標準化が推進されたことにはわけがある。一九世紀のスポーツの諸集団が発見したように、個人間、チーム間、学校間、国家間で公正に競争するためには、あらかじめルールを決めておく必要があったからである。かくして、記録、規則、選手権大会を整備し、官僚制度を備え、〔対外的な影響力を高めようと〕野心を抱く国際的な統轄団体が誕生し、同じルールをあらゆる人々に対して適用しはじめたのである。むろん均質化も進んでゆく。中でも重要な団体は国際オリンピック委員会であり、オリンピック競技大会のために全地球規模の近代スポーツを計画した。各試合で求められる標準距離、正当な行為、試合時間、公認の用器具などを統一することには、たとえどんな選手であろうと、だれもが平等である、という期待をも伴った。これは国際スポーツ界における未来への希望であった。

◆野球と野球狂

アレクサンダー・カートライトは一八四五年にニューヨーク市で野球を完成させると、一八四九年にハワイ州へ移住した。アメリカでちょうど「ニューヨーク式ゲーム」が普及しようとしていたころ、カートライトは一八五二年に「ダイヤモンド」を熱心に描いては野球のやり方を島民に教えていた。同じく野球の唱道者ホーレス・ウィルソンは、一八七三年に東京大学〔当時は第一番中学校〕のアメリカ人教師であったとき生徒に野球を伝えた。日本人技師、平岡凞(ひろし)はボストンに留学中、ボストン・レッドソックスのファンになり、一八八二年〔正しくは一八七八年〕に日本初の野球チームを結成した。閉鎖的な横浜カントリー&アスレチック倶楽部で野球をしていた居留中のアメリカ人は「アメリカの楽しみ」はアメリカ人にしかできないと思い込んでおり、日本人を相手にプレーすることを拒んでいた。しかし一高〔旧制第一高等学校〕が五年間にわたり交渉を続けたところ、一八九六年になってようやく試合が実現した。あいにくの天気によりフィールドに影響はないかと一高が丁寧に問い合わせると、「逃げるつもりか」と傲慢な電報が外国人から返ってきた。

その試合で、日本の若者は序盤でこそミスを犯したものの、最終的に二九対四で勝った。日本チームのメンバーは一気に国民的な英雄になり、町では「万歳」で迎えられ、家では日本酒で大いに祝杯をあげた。日本の若者はアメリカ発祥のスポーツでアメリカ人を打ち負かしたのである。日本が近代化を図っていた当時、この勝利は西洋諸国に追いついた証しだと考えられた。面目を失ったアメリカのチームは雪辱のためにもう二試合をおこなったが、やはり九対三二、六対二二で敗れた。一八九六年七月四日にアメリカチームは近くに寄港した戦艦オリンピアから人員を補強して、やっと一四対一二で勝つことができた。野球は日本に到来するなり日本のゲームになったのである。

日本の他の学校も野球チームをつくり、一高に劣らず真剣に取り組んだ。早稲田大学野球部監督、飛田穂洲（すいしゅう）は「血へどを吐くまで練習しなければ、試合には勝てない。よいプレーをしたければ、己れを痛めつけるしかない」と語った。一九二五年に飛田のチームはシカゴ大学の遠征チームと四試合をおこなって三勝（正しくは五戦二勝一敗二分け）した。日本は第二次世界大戦中にこの外来のスポーツを見限ったが、戦後は復活して青年チームができ、一九四八年にはプロリーグが創設された。野球は日本でいちばん競技人口が多いだけではなく、テレビの視聴者を入れると、観戦者の数もいちばん多いスポーツになったのである。

二〇世紀も終わりに近づくと、一握りのアメリカ人選手が日本のチームでそれほど歓迎されずにプレーし、日本人選手も少しずつアメリカの大リーグに移籍するようになった。例えばランディ・バースは、以前はサンディエゴ・パドレスでプレーしていたが、一九八五年に阪神タイガースをシリーズ優勝に導いた。しかしバースの本塁打数が日本の往年の花形選手、王貞治の記録に迫ると、敬遠で何度も歩かされた。いっぽう、野茂英雄投手はそんな屈辱を味わうことなく、一九九五年ロサンゼルス・ドジャースでプレーを始めることができた。そのあと、シアトル・マリナーズの鈴木一朗、ニューヨーク・メッツの新庄剛志、ニューヨーク・ヤンキースの松井秀喜らがつづいた。こうした交流は野球のグローバル化に向けた着実な一歩であり、来るべき真の「ワールドシリーズ」につながるのかもしれない。

野球はまたカリブ海地域にも広がった。とくにキューバ、メキシコ、プエルトリコ、ドミニカ共和国では、サッカーよりも野球の方が人気が高かった。一八六〇年代にアメリカから帰った上流階級のキューバ人留学生が野球を伝え、一八七〇年代にリーグも設立された。例えばネメシオ・ギヨが一八六六年に野球への情熱とともに野球用品を持ち帰り、その結果、ハバナ・クラブ（一八七二年）、マタンサス・クラブ（一八七三年）、アルメンダレス・クラブ（一八七八年）といったプロ野球チームが誕生して、一八七八年のリーグ結成につながった。

一八八六年にフィラデルフィア・アスレチックスが遠征でキューバを周ると、野球は反政府勢力のスポーツになった。反政府勢力はスペインの支配に抗って闘牛を拒否していたのである。スペインの統治者は野球を弾圧しようとしたが、米西戦争（一八九八年）で敗北すると、そんな企ても潰えた。二〇世紀初頭アメリカの白人や黒人たちはシーズンオフになるとキューバへ渡り、「ウィンター・ボール」に参加した。キューバの球団オーナーから簡単にお金をもらえたからである。野球はこうしてキューバ人にとって人気の高いスポーツになり、共産主義者カストロの治世下（一九五九年～）における長い孤立した期間にあっても衰えることはなかった。独裁者フィデル・カストロは学生時代に野球を愛するようになり、その後もずっとファンでありつづけたのである。

一八六八年の内戦の勃発により海外へ逃れたキューバ人は、ドミニカ共和国に野球を伝えた。ドミニカでは製糖所の労働者に広がり、一九三〇年代までにクリケットにとって代わった。ニカラグアの都市、グラナダから帰国した留学生デイヴィッド・アレラーノは、他の帰国学生と同じように、一八九一年に故郷へ野球を移植した。一九〇〇年代初めに野球が他のスポーツよりも幅広くおこなわれるようになり、一九一一～一二年にマナグア（ニカラグアの首都）でアマチュアのリーグが始まった。一九一二年から三三年までアメリカの海兵隊がニカラグアを占領したが、地元のチームのために試合の相手になったり、役員を派遣したりしたことから、野球に対する人々の関心は失せることがなかった。プエルトリコで初めて野球がおこなわれたのは一八九六年で、米西戦争後は島を占領したアメリカ兵が、野球をさらに広めた。

一八八〇年代にアメリカとメキシコの国境沿いでアメリカ人の建設労働者や軍人が野球を楽しみ、一八八四年にはメキシコシティにまで野球が広がった。現地に居住するアメリカ人は祭りの日に無報酬で試合をおこなっていたが、一九〇四年にメキシカンリーグができると、一試合につき四〇〇ドルの興行収入を得るようになった。アメリカ人とキューバ人のプロチームが遠征で地方を巡り、一九二五年に首都では一五〇チーム以上のアマチュアチームが活動していた。その年、夏のプロリーグが始まった。ラテンアメリカの球団オーナーは黒人選手に七七五ドルのほか、八週間に及ぶシーズンに必要な経費もすべて支給した。アメリカで稼げる金額を超える待遇だった。黒人選手は球場内で白人選手と対等の立場で渡り合い、たとえ球場を離れても白人と平等に扱われた。ウィリー・ウェルズは一九三〇年代にニューアーク・イーグルスをやめてメキシコに向かう途中で、そのわけを説明した。

アメリカで一度も見つけられなかった自由と民主主義を、ここで見つけたんだ。アメリカではニグロに分類され、その分類に従って行動しなければならなかった。野球をはじめ、私がやることすべてが肌の色に左右されていた。ここでは……ひとりの人間でいられる。

ジャッキー・ロビンソンがアメリカで肌の色の境界線を越えるまで、大リーグでプレーできるラテンアメリカ出身の選手といえば肌が白い者に限られていた。一九一一年にキューバへ旅行気分で出向いたニューヨーク・ジャイアンツはワールドシリーズで二位になったというのに、最初の二試合に負けてしまった。アルメンダレス・クラブ所属の若い褐色の剛腕投手ホセ・メンデスは、〔ジャイアンツの〕花形投手クリスティ・マシューソンを凌ぐ活躍をみせたが、大リーグではプレーできなかった。しかし、その「黒いダイヤ」ことメンデスが一九二四年にカンザスシティ・モナークスをニグロリーグの優勝に導いた。有色人選手に対する障壁がなくなったあと、プエルトリコのロベルト・クレメンテ、ドミニカ共和国のフアン・マリシャル、ベネズエラのルイス・アパリシオ、キューバのラファエル・パルメイロ、ドミニカ共和国のサミー・ソーサ、等々、ラテンアメリカ出身の選手が大リーグでも注目されるようになった。二〇〇〇年のシーズンに大リーグでプレーした選手のうち、約二〇%がラテンアメリカの出身であった。

選手が個人として海外で能力を発揮する以外にも、野球に興味を持ってもらうためにチームで「宣教の旅」に出かけることもあった。A・G・スポルディングは野球の選手にしてオーナーであり、またスポーツ用品の企業家でもあったが、一八七四年に野球を海外に紹介しようとチームを引き連れてイギリスに渡り、さらに一八八八～八九年にも選手二〇人を連れて世界各国をまわった。オーストラリアでは、野球をクリケットの代わりではなく、冬のスポーツとして紹介するように配慮した。選手たちはハワイ、ニュージーランド、エジプト、イタリア、フランス、イギリスの各国で活躍して帰国した。遠征の成果は芳しくなかったが、一

スポルディング社が製造・販売した公認ボールの広告。スポルディング社は野球の広がりとともに成長した（*Constitution and Playing Rules of the National League of Professional Base Ball Clubs,* Chicago: A. G. Spalding & Bros., 1888, no paged）

八九七年にオーストラリア人は「カンガルーズ」というチームを結成し、アメリカにチームを送り込んだ。もっとも、プレーはお粗末だった。その後に遠征したロンドンでは、監督がホテル代を払わずに選手を置き去りにした。そのせいか、オーストラリアでは野球に対する熱意が冷え込んでしまったが、やがて第二次世界大戦が勃発して米軍兵士がやってくると、野球への関心が復活した。

とはいえ、野球の広がりは一定の地理的範囲に限られている——北アメリカ、カリブ海地域、フィリピン、日本である。この限界は、教育や文化の面でのアメリカの影響力の大きさを反映している、との見方が有力である。それに野球はすでに「民衆のゲーム」として完成していたので、海外に出かけるアメリカの陸海軍人や教師、実業家、宣教師たちが簡単に運ぶこともできた。したがって野球の地理的な限界はアメリカの影響力の境界線を表している。加えて、現地の人々が野球にどれくらい好感をもっていたのかという点も要因の一つだろう。キューバでは、野球はスペインによる支配に対抗して独立を手に入れるための競技として受け入れられた。日本では、同じように、野球は西洋の近代化に追いつこうとする意欲を表すものだった。野球はこれらの国々にちょうど受け入れられやすい絶好のタイミングで姿を現した。なにより野球は楽しかったし、文化帝国主義の一環として一方的に押し付けたものではなかったのである。

例えば、米西戦争後アメリカ軍がフィリピンを占領して間もないころ、アメリカ人医師ヴィクター・ハイザーがイゴロット族のあいだで、首狩りではなく、野球が立派におこなわれている様子を目の当たりにした。『あるアメリカ人医師の旅』（一九三六年）に、こんなくだりがある。

イゴロット族の住む土地にひとりで何度も旅をした。心配する友人からは、君はきっと殺される、野蛮人にいつ襲われるかわからないから、といつも忠告されていた。ある日、人里離れたところを歩いていると突然、大声や叫び声がして、びっくりした。不吉な声だったが、仕方なく歩きつづけた。……進むにつれて声が大きくなった。いつの間にか、空き地に出た。目にしたのは、槍や蕃刀ではなく、バットとボール、それに野蛮人の幻想的な姿だった。腰に巻いた紐と、大きな針金のキャッチャー・マスクのほかには、なにも身に着けていなかった。村どうしの野球の試合だった。だれひとり私のことに関心を向けなかった。私がいたことをだれも知らなかったし、だれも気に留めなかった。それなりの試合で、つい私も気持ちが高ぶった。ランナー一塁の場面で、イゴロット族の若い男が打席に立った。バットが鳴り響くと、ボールはレフトに飛んでいった。一塁ランナーは二塁に向かって走り出したが、ほぼ確実にアウトになりそうだった。そばにいた野蛮人は声をそろえて英語で叫んだ。「Slide, you son of a bitch, slide!（滑り込め、この野郎。滑り込め！）」以前に避暑地で野球をする米兵を見ていたイゴロット族の男たちは、その掛け声を完璧に覚えていたのである。

イゴロット族の野球を描いた挿絵（Victor Heiser, *An American Doctor's Odyssey*, New York: Norton, 1936, p. 133）

◆クリケットの伝播

野球がアメリカの世界的な影響下で繁栄したのに対して、クリケットはイギリス帝国において普及した。歴史家アレン・グットマンは『スポーツと帝国』（一九九四年）で「物質文化を研究する将来の考古学者は、三柱門（ウィケット）とバットの遺物から、イギリス帝国の境界を復元できるであろう」と述べた。一九〇九年にイングランド、オーストラリア、南アフリカの三カ国で創設した国際クリケット会議は加盟国を少しずつ増やし、一九八九年に国際クリケット評議会に改名して、メリルボーン・クリケット・クラブ（ＭＣＣ）から独立した。一九九三年に同評議会は文字通りクリケットの国際統轄団体になった。しかし、おそらくエリート階級のスポーツであるという社会からの評価やその複雑さのせいで、クリケットはサッカーのように世界中に広がることはなかった。しかもイギリス帝国が衰退するにつれてクリケットの人気も少しずつすたれていった。

とはいえオーストラリアでは、クリケットは階級や性別にほとんど関係なくプレーされた。一八二六年にシドニーの軍の駐屯地でクリケットクラブが結成され、つづいてメルボルンやアデレードでもクラブが誕生した。クリケットは学校の教育課程に取り入れられ、イングランドとの国際試合も始まった。一八七三～七四年にイングランドの名選手Ｗ・Ｇ・グレースも加わったチームがオーストラリアに遠征したが、その際にシドニーとメルボルンに選手二人を置いて帰り、二人にはクリケットを指導させた。オーストラリアの遠征チームはイングランドのローズ競技場でＭＣＣを相手に一八七八年と一八八二年に勝利した。オーストラリア人にとって胸がすく思いだった。本国に勝つことは心に残るものであり、クリケットの勝利は自治権を勝ち取るための通過儀礼になった。オーストラリアはクリケットで初めてイングランドを破った植民地となり、一九〇一年に独立を果たしたのである。

ロンドンの『スポーティング・タイムズ』紙はその追悼記事で、冗談めかしてイングランドのクリケットの「死」を嘆き、遺体を火葬して、オーストラリアに移送する、と報じた。その後、メルボルン在住の女性グループが横木(ベイル)を燃やし、その灰(アッシュ)を骨壺に入れて、イングランド代表の主将の元に届けた。その灰を手に入れるために、二年に一度おこなわれる試合「ジ・アッシズ」がこうして始まり、両国ではいまも高い人気を誇っている。

たいていの試合は友好的な雰囲気でおこなわれたが、一九三二〜三三年にMCCはダグラス・R・ジャーディンを主将とするチームを送り出した。ジャーディンは打者を威嚇することを信念とし、三柱門ではなく打者の頭や上半身を目掛けて、ボールが地面から高く弾ね上がるように投げた。打者が身を守ったバットにうまくボールが当たれば、簡単に補球することができた。ジャーディンが主将に任命されたとき、ある事情通はそれを受けて「われわれはジ・アッシズには勝つが、自治領を一つ失うかもしれない」と書いた。オーストラリアの打者二人が真っすぐに投げられたボールで怪我をしたとき、新聞は「打者すれすれの襲撃」がスポーツマンシップに欠けたと批判した。オーストラリアのクリケット協会はロンドンのMCCに対して電報で苦情を伝えると、MCCはこれを侮辱だと受けとめた。植民地の住民が偉大なるMCCに疑問を表明するなんて厚かましい！　問題の解決には外交官による調停が必要であった。世界は大恐慌のさなかであり、クリケットよりも帝国の結束のほうが重要だったのである。

カリブ海地域では野球の人気が高まっていたというのに、英領西インド諸島のエリート階級が好んだスポーツはクリケットだった。本国の競技で本国に勝てば喜びもひとしおであったし、そのうえクリケットは人種を統合する機会にもなったからである。全員が白人から成るクラブでも、才能のある黒人選手を採用した。一九六〇年に黒人のフランク・ウォーレルが主将に選ばれて、西インド諸島から選りすぐりの選手を率いて、イングランド代表とオーストラリア代表を相手に対戦した。イングランドで教育を受けたウォーレルは一九六一年にオーストラリア、一九六三年にイングランドへチームを率いて遠征し、成功を収めた。ウォーレルは一九六四年にナイトの爵位を受け、一九六六年〔正しくは一九六七年〕に白血病で帰らぬ人となり、ウェストミンスター寺院に埋葬された。トリニダード出身の小説家V・S・ナイポールは、フェアプレーの原則を求めるクリケット競技場は人種に関係なく、技能が認められる場所になったと述べた。こうしてクリケットはやがてどんな人種でも「植民地」の人々でも受け入れる扉を開くようになったのである。

イギリス東インド会社の従業員が一七二一年にインドでクリケットを始めたとき、排他的な方針を打ち出した。同じく他のイギリス系のクラブも人種を差別した。それでもボンベイ〔現ムンバイ〕の上流階級の宗教集団であるパールシー教徒が、一八四八年にチームを結成した。一九世紀の終わりにインドの総督の一人であったハリス卿（ジョージ・ロバート・チャニング・ハリス、一八五一～一九三二年）

がインド人にクリケットを推奨し、またパールシー教徒とイギリス系住民が対戦する試合も一八九二年から始めた。現地のイギリス人が驚いたことに、のちにＭＣＣの会長になるハリス卿がインド人選手と一緒に昼食をとることもあった。ハリス卿は「クリケットという競技は、長年の有益な立法政策よりも、本国と植民地を近づけるために、多くのことをなしえたのである」と語った。

イングランドで教育を受けた上流階級のインド人は、クリケットへの情熱を母国に持ち帰った。クリケットはインドの王族にとっても魅力的だった。貴族的な伝統があり、イギリスの統治とつながりを持ち、暑い気候の中でも軽い運動で済んだからである。帰国した学生の中でもとくに有名だったのは、ナワナガル小藩王国のランジットシンジ王子（一八七二〜一九三三年）であった。インドでクリケットを習い、ケンブリッジ大学を卒業して、オーストラリア代表を相手にイングランド代表チームの一員としてプレーしたこともあった。一九〇七年に「ランジ（ランジットシンジの愛称）」は藩王の役割を担うために帰国したが、それはインドにクリケットを普及させるためでもあった。一九三〇年代までに、クリケットはインド亜大陸でとくに人気の高い都会のスポ

「ランジ」の愛称で親しまれた27歳頃のクマール・シュリ・ランジットシンジ（Charles A. Kincaid, *Land of ‘Ranji’ and ‘Duleep’*, Edinburgh: William Blackwood, 1931, p. 107）

ーツになった。興味深いことに、のちに国家の独立を訴えたインド人は「フェアプレー」や「クリケットらしくない〔「フェアじゃない」の意〕」という表現をあえて使いながら、イギリスの植民地政府に自治権を認めさせようとしたのであった。

◆世界のゲーム——サッカー

世界で最も人気のあるスポーツ、サッカーはクリケットよりも広い範囲に普及した。サッカーはイングランドの男子校で発展したあと、イギリス海峡を渡って大陸に移住したイングランド人教師や、イングランドから大陸へ帰国した学生によって、学校の校庭の中で伝えられた。ベルギーではローマカトリックの学校制度を通して、オランダではスポーツクラブを通して広がった。ドイツの学生は退屈な自重トレーニングの代わりにサッカーを熱心に取り入れた。一八八〇年代を通じて、イギリス人やドイツ人は若者のためにクラブを創立した。パリ在住のイングランド人は一八八七年にサッカーのクラブを創立し、その翌年にこんどはフランス人のチームを結成するよう、フランスの男子生徒たちに働きかけた。

ロッテルダムの港湾労働者はイギリス人船乗りからサッカーを学んだ。いっぽう、ルール地方では、炭坑作業員や製鋼所工員が自分の息子からサッカーを教えてもらってこの競技をおこなうようになった。イタリアの港町ではイギリス人の船乗りどうしでプレーした。イングランドの商人はのちに有名になるトリノのユヴェントスＦＣなどのクラブをイタリアで初めて組織した。イタリア人の実業家はイングランドへ出張したついでに、手に入れたボールを持ち帰った。両親と一緒にハンガリーからイングランドに移住した男子生徒チャールズ・ローエンローゼンは一八九六年に故郷のブダペストを訪れたさい、サッカーボールも持参した。その三カ月後、彼の友人はハンガリーで初めてサッカーチームを組織した。こうしてサッカーはヨーロッパのあらゆる社会階級から注目を集めるようになった。

フランスのスポーツ界の重鎮ロベール・ゲランが一九〇三年にイングランドのサッカー協会会長フレデリック・ウォールに対して、サッカーの国際組織を設立すべきだと提案した。見下ろすような態度で断られたゲランは、一九〇四年にフランス、ベルギー、デンマーク、スペイン、スウェーデン、スイスとともに国際サッカー連盟（ＦＩＦＡ）を創設した。この連盟は、規模が最も大きく、また影響力も最も大きい国際競技連盟となり、現在では国連とほぼ同じ二〇〇カ国以上の加盟国数がある。イングランドも一九〇五年に加盟したが、ドイツとオーストリアが加盟することに反対して一九二〇年にいったん脱退した。また、仕事を休んだ選手に補償金を支給するかどうかをめぐって、一九二八年から四六年にかけて再び脱退した。

サッカーをいかに愛していたかは、第一次世界大戦中、一九一四年の「クリスマス休戦」でも示された。西部戦線沿いに対峙した両軍の兵士たちが水浸しの塹壕から出てきて、砲弾の穴がそこらじゅうに広がる中間地帯で、いっせいにサッカーを始めた。それは、下級兵士から自然に沸き上がった、クリスマスならではの慈善の感情による、自発的な休戦だった。将校は兵士らの行動を止められず、戦線を超えた友好によって将校の権威が傷つけられた。万一、兵士が敵にも人間性があることを知り、戦いを拒否したらどうするのか？　将校は試合を分断させるために後方から砲撃を指令し、もしくは友好に染まった兵士を前線から引き離すなどして、その友好を終わらせた。

◆アフリカのサッカー

植民地のフランス人やイギリス人はアフリカへもサッカーを紹介し、とくに都市に住む上流階級の男子学生がその受け皿になった。フランスのカトリック宣教師が若い改宗者にサッカーを伝えたのは、放課後に何か活動できることを与えるためだった。サッカーは楽しくて、安くて、覚えやすく、コンゴの首都ブラザヴィルで路上文化の一つになった。一九三一年までに黒人の居住区を代表する独立したチームが、一一チームまで増えた。植民地政府は各クラブにフランス流の運営を浸透させようとして先住民スポーツ連盟を設立した。フランス人が無給で指導していたが、大恐慌が起きると、先住民の連盟から吸い上げた資金で白人チームを支援した。一九三六年フランス当局はみずからの権威や優位な立場を守るため、黒人選手がスパイクシューズを履くことを禁止した。もちろん黒人にとっては屈辱であり、フランス人の威圧的な支配を示す好例であった。第二次世界大戦後に独立したあと、黒人はやっとスパイクシューズを手に入れた。北アフリカのチュニジアやアルジェリアでは、サッカーは現地の反政府勢力のスポーツとなった。サッカーで勝てるなら戦闘でも勝てる。そう考えた彼らはサッカークラブを利用して革命を企て、サッカーを通して知名度を上げて、フランス人の支配を覆そうとする闘争に貢献しようとした。

アフリカにいるイギリス軍司令官は、スポーツ、とくにサッカーを身体訓練、自己鍛錬、気晴らし、兵士の性欲抑制のために利用した。同じことは黒人の兵士に対してもおこなわれた。植民地の行政官が運動能力に基づいて採用されることは珍しいことではなく、教師はスポーツを人格形成、規律の維持、礼儀作法のために利用した。植民地時代以前のアフリカではいったいどんなスポーツがおこなわれていたのかは、ほとんど知られていない。とはいえ、先住民は徒競走、レスリング、カヌー競漕、跳躍、舞踊などで楽しんでいたようだが、新しい西洋のスポーツがこれらにとって代わった。例えば一九二五年にタンザニアのタンガ・スクールの校長セシル・アール・ティンダル＝ビスコーは、いじめや男色を防ぐために男子生徒にボクシングをさせ、サッカーを日常生活に取り入れて人格形成に役立てようとした。一八九二年に南アフリカ連邦（現在は南アフリカ共和国）がサッカー協会を設立し、同じくケニアも一九二二年に協会を設立した。エジプトがワールドカップに出場したのは一九三四年である。南アフリカのダーバンやヨハネスブルクで職場を代表するチームが現れ、一九二九年に黒人（バンツー）サッカー協会が設立された。その後一〇年間に、この協会は五〇〇近くの少年チームや成人チームを後援するようになった。

　アフリカで植民地が次々に解放されると、エジプト、エチオピア、南アフリカ、スーダンが集まって、一九五七年にアフリカサッカー連盟を結成した。この連盟は二年ごとにおこなわれるサッカー選手権大会、アフリカ・ネイションズカップを後援した。南アフリカは人種差別政策により一九九二年まで参加できなかったが、他のアフリカ諸国はこの選手権に出場するようになった。アフリカの社会不安や貧困はスポーツチームを育てる上で妨げになったので、優秀な選手はヨーロッパに移籍した。例えばリベリア出身でイタリアのミランに所属していたジョージ・ウェアは、一九九五年にＦＩＦＡの最優秀選手に選ばれた。とはいえ、カメルーン、ナイジェリア、セネガル、南アフリカ、モロッコ、チュニジア、コートジボワールの各国は二〇〇一年のＦＩＦＡのランキングで上位五〇カ国に入り、セネガルは二〇〇二年のワールドカップで準々決勝まで勝ち上がった。

カシミール初のサッカー・チーム（E. D. Tyndale-Biscoe, *Fifty Years Against the Stream the Story of a School in Kashmir 1880-1930,* Wesleyan Mission Press, Mysore, 1930, p. 19）

◆インドのサッカー

イギリス人は七万五〇〇〇人に及ぶ兵士を擁して近代のインドを長期間にわたり占領したが、体力や士気を維持するために、サッカーをはじめとするスポーツに親しんだ。インド亜大陸の兵役は退屈なときもあった。ある老兵はこう語る。「退屈に対抗する大きな武器がある。それはスポーツ、スポーツ、スポーツだ」。一八七八年にコルカタで初めてサッカークラブができ、その後数十年間に至るところでクラブが生まれた。一八九三年にインドサッカー協会が設立されたが、一九二九年までにインド人チームが一四〇チームと、ヨーロッパ人チーム一四チームが所属した。一九一一年に現地ベンガル人チーム、モフン・バガンが五万人の大観衆の前でイーストヨークシャー連隊チームを破った。インドの人々は支配者を破ったこの勝利をもちろん盛大に祝ったが、イギリス人にとってはこんなときこそ有名なスポーツマンシップを発揮する絶好の機会であり、できうるかぎり平静を装った。それに対して、禁欲的なチベットではサッカーもクリケットも受け入れられなかった。仏教の僧侶は外国の影響やスポーツを自文化に対する脅威と見なした。現にチベット政府は一九四四年にサッカーを禁止したのである。

◆ポロとインド

インドに滞在中のイギリス軍将校が、アッサムで「プル」という名の現地の競技を偶然にも見かけた。現地人が馬にまたがり、柳の根を編んで作ったボールを杖で打ち、競技場を行ったり来たりしていたのである。このような競技は数世紀前のペルシアや中国ですでにおこなわれていたが、将校らはこの「ポロ」という競技に手を加えて改良した。一チームは四組の騎馬とし、ゴールポストを立てて、長い柄の木槌を考案し、騎手と馬を守るために通行の優先権を決めるルールを発展させて、一試合を六つの時間帯に区切り、それを「チャッカー〔ヒンディー語で「周期」の意〕」というインドの言葉に由来する名称で呼ぶことにした。この競技はインドの藩王、イングランド出身の茶園経営者、イギリス兵たちのあいだにたちまち広がった。一八五九年にカチャル県ではインド人のポロクラブができ、一八六二年にコルカタでイギリス人のクラブが生まれた。騎兵には格好の訓練と考えられたのである。

一八七〇年にイングランドのハウンズロウ・ヒースで第一〇軽騎兵隊と第九槍騎兵隊が公開試合をおこなった――力強いプレーというより口汚い言葉が注目された試合だった。一八七五年にアメリカの美食家ジェームズ・ゴードン・ベネット・ジュニアがポロの試合を観戦したあと、そのアイデアを見本の用具やコーチと一緒に、裕福な友人がいるロードアイランド州ニューポートへ持ち帰った。その結果、アメリカとイギリスの国際試合ウエストチェスター杯が一八八六年に誕生し、それ以降、断続的におこなわれてきた。一八七〇年代にアルゼンチンに移住したイギリス人の牧場経営者が伝えたポロは、軍の伝統に組み込まれた。その後二〇世紀にブエノスアイレスが世界のポロの中心地になり、一九八三年に始まったアルゼンチン・オープンは世界最高峰の大会になった。

◆南米のサッカー

一九世紀の後半までに、腕利きの若いイギリス人が技術者や商人としてラテンアメリカに渡った。ブエノスアイレスには四万人ほどのイギリス人居住地ができ、語学を教えるイギリス人学校では自然にサッカーがおこなわれるようになった。スコットランド出身のアレクサンダー・ワトソン・ハットンもこうした移民の一人であり、一八八一年〔正しくは一八八二年〕にブエノスアイレスのセント・アンドリューズ・カレッジに赴任した。ハットンは一八八四年にイギリス人の高等学校を開設し、教育課程の中に、女子にはテニス、男子にはサッカーを取り入れた。ハットンは母国に用具を注文したが、サッカーボールが届いたとき、税関の職員は戸惑いながら「変なイングランド人用の品物」という荷札を貼り付けた。やがてサッカーの人気が高まり、ハットンは一八九三年にリーグを設立し、これがアルゼンチンサッカー協会の発足につながった。協会の名称はのちに英語からスペイン語に替えられたとはいえ、ハットンは「アルゼンチンサッカーの父」として記憶に留められた。

一九〇七年までにブエノスアイレスでも三〇〇ほどのサッカークラブができた。スペイン語を話す市街地や路上では、サッカーをする子どもたちの中から「クリオーリョ」、すなわち自発性やひらめきを特徴とするクレオール式サッカーが現れた。それは体力や粘り強さを生かしたイングランド式サッカーとは対照的なものであった。サッカークラブは政党と関連する社会的・政治的な拠点となり、サッカーファンを有権者と見なす政治家は、クラブのスタジアムを建設する費用を助成した。それゆえサッカーが成功するかどうかは、独裁者フアン・ドミンゴ・ペロン（一八九五〜一九七四年）が成功するかどうかに結びつくことになった。

ウルグアイの首都モンテビデオでは、イギリスの技術者や経営者たちがサッカーを支援する学校を開設し、一九〇〇年にウルグアイサッカー協会を創設した。ブラジルでは、ブラジル出身ながらイングランドで教育を受けたチャールズ・ミラーがサッカーボールを持って帰り、サンパウロ・アスレティック・クラブを説得してサッカー部門の設立にこぎつけた。他にも小さなクラブが一八九〇年代後半に生まれ、これらのクラブが集まって、一九〇一年にリーグを結成した。同じようなことがリオデジャネイロでも起きた。地域のヨーロッパ系の有力者の息子がサッカーを主たる活動とするスポーツクラブをつくったが、そこではサイクリング、ビリヤード、漕艇、競馬もおこなわれていた。

なかでも有名なサッカークラブは白人系の閉鎖的なフルミネンセ（一九〇二年）と、黒人系で貧困層のフラメンゴ（一九一一年）であった。両チームの激しい対抗意識は現在でも相変わらず残っている。南米の他の地域にもサッカーチームが生まれたが、活動の中心はリオデジャネイロ、サンパウロ、ブエノスアイレス、モンテビデオであった。一九一〇年にアルゼンチンサッカー協会が開催した、アルゼンチン、チリ、ウルグアイによる総当たり戦は、南米サッカー連盟の設立につながった。同連盟は一九一六年にブエノスアイレスで南米選手権大会を開催した。南米におけるこうした奮闘とヨーロッパでおこなわれた国際大会があったからこそ、オリンピックと並ぶ重要なスポーツイベント、すなわち「ワールドカップ」という世界規模の選手権大会が発足する機運が生まれたのである。

◆ワールドカップとペレ

プロの選手はオリンピックに出場できなかった。そこでFIFA会長のフランス人ジュール・リメは、プロでも参加できる、四年に一度の選手権大会を提案した。FIFAはこの提案に同意し、その開催地としてウルグアイを選んだ。南米諸国はヨーロッパ諸国に対して渡航費と宿泊費を支払うと申し出たのに、ヨーロッパから参加したのはベルギー、フランス、ルーマニア、ユーゴスラビアだけだった。一九三〇年に初のワールドカップが開催され、一三カ国が参加した。決勝戦ではウルグアイがアルゼンチンを破り優勝した。一九九四年のワールドカップでは、決勝リーグへの出場権をかけて一三八チームが競い合った。ワールドカップはこれまで計一七回開催されており、南米の国が優勝したのは九回（ウルグアイ二回、アルゼンチン二回、ブラジル五回）である。

ブラジルが劇的に成功したのは、サッカー史上最高のプレーヤー――エドソン・アランテス・ド・ナシメント、別名「ペレ」として知られる選手の卓越した技術のためであったといえる。一九四〇年にブラジル東北部に生まれたペレは、小学校四年生のころ退学して靴屋の見習いとして働いた。とはいえ、サッカーが大好きな父親は息子にサッカーを教えた。ムラートをプロ選手として起用すること、いわゆる「茶色いプロフェッショナリズム」は一九二〇年代には定着した。サッカーは、人種が混ざった社会において成功のシンボルとなり、より高い社会的地位へ上る階段においてもまた、成功のシンボルとなった。「民衆の最大の喜び」。ペレがそう呼んだサッカーのために、ペレは偉大な才能を発揮し、早くも一九五六年にトップリーグのサントスでプレーを始めた。ペレはこう語っている。「どこから来たのかとよく聞かれます。とても答えにくい質問です。何もない場所から来たからです。ブラジルで僕が育ったのは、人里離れたとても貧しいところでした。それに僕のあだ名、ペレには何の意味もありません。ただの単語です」。

一九五八年にブラジルはペレをナショナルチームに招聘した。その年のワールドカップでブラジル代表に入ったペレは、「ペレ！　ペレ！」と声援を送る、スウェーデンに集まったファンの目の前で優勝に大きく貢献した。一瞬にして世界中で有名になったペレは、一九六二年と一九七〇年のワールドカップでもブラジル代表を優勝に導いた。現役時代のペレはほとんどすべての試合でゴールを決め

1974年にニュージャージーのスタジアムでおこなわれた試合後，仲間に担がれて祝福されるペレ（*Sports Illustrated,* Octover 10, 1977, p. 25）

た。ペレの傑出した才能を示すプレーがある——一九五九年にブラジルのリーグ戦で、フィールドの真ん中でパスを受け、ボールを宙に幾度も蹴りながら、数人のバックスをかわし、一度もボールを地面に落とさないまま、ゴールキーパーにフェイントをかけて、そのままゴールネットを揺らしたのである。ペレは一九七四年にいったん引退したが、アメリカでプロサッカーを定着させる試み——失敗に終わるが——のために、一九七五年から七八年までニューヨーク・コスモスでプレーした。

◆サッカーとアメリカ

どこの国でもたいていサッカーの人気は高いのに、アメリカではなぜ人気がないのか。かねてスポーツ界の疑問であった。一般的な答えは、自尊心の高いアメリカ人が好む土着のスポーツ、つまりアメリカンフットボール、バスケットボール、野球が、外来スポーツであるサッカーを締め出した、というものだ。サッカーが発達してアメリカに輸出されるころには、すでにアメリカ生まれのスポーツが定着していたのである。とはいえ移民の中には楽しみとしてサッカーを続ける者もいたし、一九七〇年代後半には上流階級の高校や大学でサッカーを導入するところもあった。アマチュアのサッカーは安くて安全で健康的だったので、郊外の中流階級にも定着した――自分の子どもをバンやステーションワゴンに乗せて、あちこちのグラウンドに連れて行く「サッカーママ」が、こうして誕生した。さらに女性のスポーツが平等であるかどうかの関心が高まると、サッカーが少女たちにも人気のスポーツになった。

こうした関心の高まりをさらに推し進めるために、ＦＩＦＡは一九九四年のワールドカップ開催地をアメリカに決定した。一九九六年には男子サッカーのプロリーグが再開した。アメリカ女子サッカーリーグ（ＷＵＳＡ）が二〇〇一年にスタートしたのは、一九九六年のオリンピックと一九九九年のワールドカップの優勝に刺激されたからである。二〇〇一年にＦＩＦＡは初の女子最優秀選手賞としてアメリカのスター選手ミア・ハムを選出したが、二〇〇三年の秋にアメリカで開催された女子ワールドカップの期間中に、ＷＵＳＡは休止を決定した。若者が参加するようになったとはいえ、サッカー界は北米で受け入れてもらおうとなお細々と努力をつづけている。

◆筋肉的キリスト教

クリケットやサッカーが、インドにおいて、少なくとも大都市の上流階級の男性のあいだで最終的に受け入れられたことは、イギリス人の粘り強さの証しであったといえる。女性のためのスポーツといっても後から取って付けたようなものであり、国民の約八〇％が田舎の伝統的な村に残って暮らしていた。そのうえ、ヒンドゥー教は神聖な動物である牛の皮革を利用することを禁じていた。それなのに、クリケットとサッカーのボールは、どちらも牛革で覆われていたのである。

一九世紀後半カシミールに住むイギリス国教会の宣教師にして教育者セシル・E・ティンダル＝ビスコーは、生徒がクリケットボールを捕るときに、服の袖を伸ばして両手を隠して捕球することをやむなく認めざるをえなかった。素手だと穢れるからといって、ボールに触ろうとしなかったからである。ティンダル＝ビスコーは生徒にスポーツをさせて英国的な価値観を教え込もうとし、かつては乗馬用の鞭で生徒を脅しながら野原まで連れていき、サッカーを無理やりさせたこともあった。少年の顔にボールが当たると、級友があわてて近くの用水路まで連れていき、少年の顔を洗ってきれいにしたということもあった。別の少年が穢れたときには家族のもとへ帰ることが許されず、親戚の家で暮らすはめになった。およそ二五〇年にわたって強力な存在感を誇ったイギリス人は、一九四七年にインドから撤退したが、その足跡は現在でも法律、技術、言語、スポーツの各領域に残っている。それでいて、いまだに主流の宗教はヒンドゥー教であり、牛が神聖視されている。この矛盾は、少なくともヒンドゥー教の寛容性や多様性と、スポーツのグローバル化を同時に反映しているといえるだろう。

イギリス人教師は、ティンダル＝ビスコーのように、スポーツは生徒にとって価値があると固く信じていた。イングランドではイートン校、ラグビー校、ハーロウ校のような上流階級の子弟が通う寄宿学校では、一八五〇年以降になると、スポーツが教育課程に組み込まれるとともに、生徒全員がスポーツに参加するよう求められた。一八八九年一〇月五日付の『パンチ』誌に掲載された風刺画には、そんな風潮が描かれている。フィッツミルクソップという名の生徒が校長に叱られて、ばつが悪そうにしている場面である。校長がいう。「もちろん勉強はしなくていい。でも絶対にプレーしてもらうぞ」と。スポーツ療法は多少なりとも学校を統制する手段になった。課外活動がほとんどなく、手に負えない生徒が近隣の住民を脅かしていたからである。ハーロウ校の生徒は、道端にポニー、猫、犬、職人を見つけると、石を投げつけた。マールバラ校では、生徒が学年度の初日に周辺のカエルを次々にたたき殺し、死骸を学校の前に積み上げた。スポーツはじっとしていられない生徒に何かすることを与えたし、現にハーロウ校の生徒たちはスポーツ活動を実施できるように要求したのである。

THE NEW TYRANNY.
"OF COURSE YOU NEEDN'T *WORK*, FITZMILKSOPPE; BUT *PLAY YOU MUST*, AND *SHALL*!"

生徒にスポーツを強要する教師。タイトルは「新たな圧政」（*Punch*, October 5, 1889, p. 165）

とはいえスポーツは学校の規律よりも大きな意味をもっていた。アピンガム校では、校長のエドワード・スリング（一八二一～八七年）が完全なる少年を教育することを信念としていた――「身体の健康、知性の健康、心の健康、この三つがそろって初めて真の人間をつくるのです」。影響力のあったラグビー校の校長トーマス・アーノルド（一七九五～一八四二年）は、正義の擁護者となりうるキリスト教ジェントルマンを育てようとした。スポーツに参加することはこの教育的な取り組みの一環であった。小説家で詩人でもあり、最後にはウェストミンスター寺院の聖堂参事会員になったチャールズ・キングズリ（一八一九〜七五年）は、こう解説した。

スポーツをする少年は、本では教えてくれない徳を身につけることができます。勇気と持久力ばかりではありません。もっと大切なもの、気立ての良さ、自制心、公正さ、名誉、他人の成功をねたまずに賞賛すること。それに、男性が世に出るときに大いに役に立つ、実際、それがないと十分に成功できない「互いに譲り合う」精神です。

キリスト教の信仰心はスポーツと結びついて「筋肉的キリスト教」になった。キングズリはこの用語を嫌っていたが、レクリエーションの実践とキリスト教信仰を取り入れた、学校の教育課程を反映する用語であった。この理念を取り入れたイングランドの学校は、行政官、実業家、教師、軍人を輩出し、彼らがイギリス帝国を運営し、世界中にイギリス文化を広めていったのである。

◆YMCAの宣教師と中国

同じころ、ＹＭＣＡがめざましい勢いで世界中に広がった。イギリス、カナダ、アメリカに根差したこの団体は、キリスト教の伝道師のような熱意で運営されたが、バスケットボール、バレーボール、卓球、水泳を必ず教えていた。一八九〇年までにアメリカとカナダでＹＭＣＡの体育館が約四〇〇棟できた――青年にキリスト教の教えを伝えるためなら、体育館に誘惑しても構わないと考えられたからである。一九〇〇年にＹＭＣＡは各大陸に広がり、南米に一六、アフリカに一九、オーストラリアに二〇、アジアに二七〇の協会ができた。ＹＭＣＡは二つの世界大戦中でも衰えないで軍人や捕虜のために大量のレクリエーション用品を供給したが、一九四九年に「Ｙ（ザ・ワイ）」の数はとうとう一万を超えた。多くはヨーロッパと北米に所在したが、南米にも二四、アフリカと近東に六一、オーストラリアに四二、アジアには五〇二の協会ができた。さらに女性のキリスト教徒が姉妹団体であるキリスト教女子青年会を一八五五年に設立した。今では八〇カ国で活動しているが、スポーツ界への世界的な影響という点では男性の協会に及ばないようだ。

現業労働者、外国人実業家、ＹＭＣＡの代理人は、宗教的な親交を図る結社をつくる場合が多かった。そうした結社は地元のキリスト教の布教活動には合流しないで、外部から支援することが多く、「Ｙ」の快適な環境を備えたビル――それは人生の霊的、精神的、社会的、身体的な四つの側面に対応する活動を支えた――を建設するために努力していた。ＹＭＣＡの施設が西洋諸国以外でも世界中の国際都市で造られた。すなわち、コルカタ（一八五四年）、コロンボ（一八五九年）、ベイルート（一八六一年）、リオデジャネイロ（一八七三年）、ボンベイ（一八七五年）、大阪（一八八〇年）、ソウル（一八九九年）、サンクトペテルブルク（一九〇〇年）、ブエノスアイレス（一九〇一年）、サンパウロ（一九〇二年）、メキシコシティ（一九〇二年）、ハバナ（一九〇五年）、マニラ（一九〇七年）、カイロ（一九〇九

YMCA のシンボルマーク。三角形は精神，知性，身体を表す（International Young Men's Christian Association College, *The Tenth Catalog,* 1895, no paged）

年）である。一九〇二年に中国では二つの協会があったが、一九二〇年までに三〇に増えた。このうち一三の協会が施設をもっていた。こんにちＹＭＣＡは八九カ国に広がっているが、世界を制覇するには至っていない。イスラム教の国々ではキリスト教の教えに抵抗があるからだ。また中国では一九五〇年に中国共産党がＹＭＣＡを排除した。それにもかかわらず、ＹＭＣＡは中国で、スポーツ、とくにバスケットボールとバレーボールを広め、また福音を広める機関としても目をみはる功績を残したのである。

　アジアのＹＭＣＡやキリスト教の宣教師はスポーツマンシップやフェアプレーの理念とともに近代スポーツを教えていたので、身体活動を嫌悪する文化を克服する必要があった。アジアには身体活動を敵視する長い知的な伝統があり、労働は下層階級のものだという考え方があったのである。発達した筋肉や裸は称賛に値しなかった――中国政府は一九八六年まで女性ボディービルダーが大会でビキニを着ることを認めていなかった。紳士や淑女は必ず丈の長い服を着ていたし、女性は腕を振らずに、歩幅も一フィート〔約三〇センチ〕以下で慎重に歩くように教えられた。上流階級の少女は、男性が好む小さな足になるように、生まれたときから足を縛られた。この習慣はもちろん女性の足を痛めつけた。一九世紀後半に外交官が汗を流しながらテニスの試合を披露すると、のちの韓国〔大韓帝国〕の皇帝、純宗は「このような重労働を自分でおこなうのは本当に惨めだ。家来に任せるべきだ」と批評した。

大方の予想がつくように、下層階級には身体的な娯楽や訓練の長い伝統があった。馬術や弓術は軍事技術に欠かせない。レスリング、ポロ、北部ではアイススケート、ボクシング、綱引き、重量挙げ、それにサッカーに似た蹴鞠は、兵士の訓練に採用されていた。庶民の間では、武術、魚釣り、船遊び、盤上遊戯、舞踊のような娯楽が盛んにおこなわれていた。祭りに彩りを添えたのは、曲芸、棒登り、凧揚げ、獅子や龍の舞、龍舟競漕といった呼び物であった。たしかに女性は足を縛られていたが、だからといって女性が参加することに対する抵抗は、ほとんどなかった。現在、中国人女性のスポーツ選手の多くが、こうした運動の伝統をもつ下層階級の出身であることは理解できることである。

アメリカやイングランドのキリスト教系の学校は、一八八〇年代に男性中心の西洋スポーツを導入し、一八九〇年に上海でもキリスト教教会の聖ヨハネ大学が陸上競技の大会を開催した。YMCAは体育指導者を養成し派遣した。一八六〇年から外国貿易が認められた条約港、天津では一八九六年にバスケットボールが移入された。マックス・J・エクスナーはジェームズ・ネイスミスの元ルームメートで、一九〇八年から三年間にわたり上海YMCAを運営したが、二年制の体育訓練コースを設けて会員を募り、市の郊外に複合体育施設を造成した。最初のクラスには生徒一四人が集まり、施設として四〇〇メートルトラック、サッカー場、四面のテニスコート、更衣室、体育館が備えられた。

一九一〇年にエクスナーは中国のために全国運動会を企画し、テニス、サッカー、バスケットボール、陸上競技の各競技を実施したが、参加したのは男性だけだった。観衆は四万人ほどであり、役員はヨーロッパ人が務めた。孫寶慶（ソン・ブーキシン）は走り高跳びで、バーに辮髪が引っ掛かり、バーを何度も落とした。孫は辮髪を切り落とすよう助言された。助言に従って切り落とすと翌日に優勝した。エクスナーは「一人ひとりにとって最も効率的で、しかも可能な限り大きな人生の基盤を築いて、民族全体の能力をもっと高めたい」と望んだのである。

ＹＭＣＡはそのネットワークを通して初の極東選手権競技大会を実施した。一九一三年にマニラで開かれたこの大会に、中国、日本、フィリピンが参加した。これは第二次世界大戦後に始まったアジア競技大会に先行する大会であったが、極東で開催された初めての国際競技大会でもあり、陸上競技、競泳、テニス、野球、バスケットボール、バレーボール、サッカーがおこなわれた。観衆はのべ一五万人に達し、大勢の大衆に対してスポーツの競技大会とはいかなるものかを知らしめた。ＹＭＣＡは一九一四年に第二回全国競技大会を、一九一五年に上海で第二回極東選手権競技大会を主催した。一九二四年の全国競技大会では女子のバスケットボール、ソフトボール、バレーボール、集団体操もあった。一九二四年の大会で役員を務めたのはおもに中国人であった。一九二七～二八年に中国政府が選手権を管理するようになってからＹＭＣＡの影響力は低下した。とはいえ、ＹＭＣＡの三〇年にわたる活動がアジアに西洋産のスポーツをもたらしたのである。

◆卓球と中国の復帰

二〇世紀前半における中国の歴史には、国民党と共産党による闘争に加え、内戦、第二次世界大戦、朝鮮戦争といった大きな断絶があった。国民党を率いる蔣介石は体育やスポーツを健康増進、団結、軍事力強化の手段と考えた。共産党を率いる毛沢東は、体力は軍事力に直結すると考えて、簡単にできる一日三〇分の規則的な運動を推奨した。しかし一九四九年に共産党が権力を握り、その後二〇年にわたって国内が混乱し、国際競技はほぼ廃れた。とはいえ中国人は断続的に卓球の試合を開催したり、また一九五七年にイギリスの競泳チームを招待したように、国際試合を誘致したりすることもあった。ところが一九七一年こうした状況に劇的な変化が訪れる。

日本で開催された世界卓球選手権大会で、中国の役人がアメリカ代表の主将ジャック・ハワードに歩み寄り、静かにこう尋ねた。「互いに学び合って、競技の水準を高めるために」中国に遠征する気はないか、と。これは驚くべき発言だった。なぜなら中国が外国チームを迎え入れることは二〇年間ないに等しかったからである。しかもアメリカのチームはアジアのチームと比べて、それほど強いわけでもなかった。六種目のうち四種目で優勝したばかりの中華人民共和国から見れば、アメリカの順位はかなり見劣りし、中国代表がアメリカ代表から学べることはほとんどなかった。それにもかかわらずアメリカ人チームがアメリカ政府の許可を得て、男性選手七人と女性選手二人を含む一五人のメンバーで、八日間にわたり中国に遠征したのである。

ピンポン外交を描いた雑誌の表紙（*The American Legion Magazine,* Vol. 91, No. 4, October 1971）

友好的に迎えられたアメリカ人チームは周恩来首相と面会した。周はアメリカと友好的な新時代を迎えたいと話した。中国が国際連盟に加盟し、中国が世界と再び関係をもとうとしたのと同じタイミングで、このような立場の変化が現れたのである。卓球チームが母国へこのメッセージを持ち帰ると、ヘンリー・キッシンジャー国務長官が事前の手配のために密かに北京へ渡った。一九七二年、大統領のリチャード・M・ニクソンが中国へ公式に訪問した。「ピンポン外交」の成功がもたらしたこの出来事を、『タイム』誌は「ピーンと世界中に鳴り響く」と表現した。

◆アメリカスカップと初期の国際試合

スポーツが人と人を結びつけることは珍しいことではない。一八五一年にジョン・コックス・スティーブンズ（一七八五～一八五七年）と彼の仲間が出資して三万ドル相当のレーシングヨットを造り、「アメリカ号」と名づけた。スティーブンズは裕福なスポーツ愛好家であり、ニュージャージー州ホーボーケンの実家の敷地内にスポーツクラブ用の総合施設を造って、ニューヨーク・ヨット・クラブ（ＮＹＹＣ）の初代「提督（コモドール）（会長に与えられる呼称）」に就任した。一八五一年に開催されたロンドン万国博覧会のさいに、スティーブンズは王立ヨットクラブからレースを挑まれた。イギリス海峡のワイト島を巡る、五八マイル（約九三キロ）のレースである。スティーブンズは挑戦に応じた。イングランドは、鋭くとがった船首と傾斜したマストを備えた高速のアメリカ号と対戦することをためらったが、ハンドレッド・ギニー・カップを賞杯として用意した。スティーブンズらが優勝すると、ヴィクトリア女王が慇懃にヨットのそばまで歩み寄り勝者を祝福した。

　一八五七年にＮＹＹＣはそのカップの名称を「アメリカスカップ」と改めて、国際ヨットレースの懸賞として提供した。レースは長らく不定期に開催されたが、毎回必ずＮＹＹＣが優勝していた。ところが一九八三年にオーストラリアⅡ号が船首と船尾をつなぐ竜骨（キール）に高度な技術を施して、初優勝を飾った。ジョン・バートランド主将は「オーストラリアⅡ号はたんに向きを変えたのではありません。速く向きを変えてさえもいません。翼のつ

1886年におこなわれたアメリカスカップの模様（*Harper's Weekly,* September 18, 1886, p. 608）

いた竜骨を魔法のようにほんの少しだけ……素早く動かしたのです」と語った。優勝したオーストラリアの船員はおなじみの国歌「ワルチング・マチルダ」〔本物の国歌は別にある〕を歌いながらドックに戻った。一九八七年にこんどはサンディエゴ・ヨットクラブがカップをアメリカのために取り戻したが、一九九五年に優勝したのはニュージーランドであった。おもしろいことに、二〇〇三年の優勝は、内陸のスイスであった。アメリカスカップは富裕な者しか参加できない大会である。他艇と互角に戦える準備をするためには少なくとも八〇〇〇万ドルの経費が必要である。しかし、そのカップは国際競技の中で最古の歴史をもち、また最も名誉ある賞の一つなのである。

他のスポーツでも定期的に国際試合がおこなわれるようになった。「ゴルフの世界チャンピオン」を決める全英オープンは一八六〇年に、全米オープンは一八九五年に、ライダーカップ〔ヨーロッパ代表とアメリカ代表が対戦するゴルフの団体戦〕はもともと一九二七年に英米間で始まった。テニスのウインブルドン選手権は一八七七年に、デビスカップは一九〇〇年に始まった。

◈近代オリンピック

しかし、なんといっても重要な展開はオリンピックの復興であった。それは、体重一〇〇ポンド〔約四五キロ〕の小柄なフランスの貴族、ピエール・ド・クーベルタン男爵（一八六三～一九三七年）の夢であった。クーベルタンはフランスの政治的な挫折が相次いだ時代にパリで育った。ナポレオン三世がマクシミリアン大公をメキシコ皇帝に即位させようと画策したが失敗し、一八七〇年の普仏戦争にも敗北した。屈辱が続くさなか、ドイツがパリを攻囲して砲撃した。フランスはなぜ敗北したのか。クーベルタンはその理由を探るうち、ドイツ兵の身体がフランス兵よりも優れていることに気づいた。

それより遡ること、一八一〇年にフリードリヒ・ルートヴィヒ・ヤーン（一七七八〜一八五二年）がベルリン郊外に運動場を造り、男子生徒たちに細長い棒、はしご、綱などの登り方を教えて体力を向上させようとした。体操の始まりである。同様の体育の方法が中央ヨーロッパの学校を通じて広がった。ヤーンはこの運動をフランスの征服者ナポレオン一世の支配を打ち破る愛国的な取り組みと考えていた。それからほぼ一世紀後、皮肉にも、こんどはフランス人がドイツの征服に対して規律ある運動で対抗しようとしたのである。

その若い男爵は、ナポレオンがワーテルローの戦いで敗北したのはイートン校の運動場で学んだ教えに由来する、そんなイングランドの伝説を信じていた。さらに、一八七五年から八一年にかけて、ドイツの考古学者がギリシアの古代オリンピックの大部分の遺跡を発掘した。発見されたのは、古代オリンピックとそれに伴う神聖休戦に関する諸説を裏づける、彫像、倒壊した建物、一三〇〇点に及ぶ黄金の品々であった。クーベルタンの頭の中ではこうしたスポーツにまつわる諸々の事実が混じり合い、やがて彼は現代のオリンピックが世界平和の鍵になるのではないかと考えはじめた。クーベルタンはヨーロッパ、イングランド、アメリカの広い範囲を旅行して、スポーツ界の指導者に会い、記事を書き、フランスのスポーツ界を組織化した。

クーベルタンの誘いを受けて、一八九四年に九カ国から七八人の代表者がソルボンヌ大学に集まった。出場資格の基準を話し合い、国際オリンピック委員会（ＩＯＣ）の創設に合意し、最初のオリンピック大会を一八九六年にギリシアで開催することを決定した。自己規制と自己決定を旨とするＩＯＣは、その大半の構成員がたとえ給与がなくてもオリンピック運動を財政的に支援できる、富裕で家柄が良い年配の男性で占められていた。ギリシア人は一八五九年からすでに大富豪の海運王エバンゲリス・ザッパスの資金力を借りて、全国競技大会を開催していた。一八六五年に亡くなったザッパスは古代ギリシアの競技場を復元するために資産を残した。その資産を使って、一八九六年の第一回オリンピックの主会場になった、馬蹄形をした白い大理石の競技場が造られた。

正確な人数には疑問の余地があるが、七万人の観衆、一四カ国を代表する三一一人の選手が、初の近代オリンピックに集まった。単独競技の国際大会と違って、オリンピックでは陸上競技、フェンシング、自転車競走、体操、射撃、競泳、テニス、重量挙げ、レスリングといった複数の競技がおこなわれた。棒登りもあった。競泳は、四メートルまで高くなる波に加え、水温一三度まで低くなる、ゼア湾の海水の中でおこなわれた。ギリシアは四七個のメダルを獲得して一位となり、二位はアメリカで一九個のメダルを獲得した。

アメリカの代表チームは、ボストン陸上競技協会の会員五人、プリンストン大学の学生四人のほか、オリンピックに参加するためわざわざハーバード大学を退学したジェームズ・Ｂ・コノリー（一八六八～一九五七年）から構成されていた。ハーバード大学は当時はまだ無名でわけのわからない大会のために、学生が休むことを認めなかったのである。それでもコノリーはチームの仲間に合流してギリシアへ向かった。ナポリでは財布を盗まれ、到着したのはオリンピックが始まる前日で、一睡もできないまま出場した。それにもかかわらずコノリーは三段跳びで優勝し、一五〇〇年ぶりのオリンピック・チャンピオンがこうして誕生した。だが帰国しても迎える人は一人もいなかった。それでもオリンピックのメダルを獲得したコノリーは、その後、作家や記者として輝かしい経歴を築いた。一九四九年におこなわれたハーバード大学の卒業式で、コノリーは舞台に上がるように誘われ、大学のスポーツ優秀賞を授与された。あわせて過去の処遇についても初めて謝罪された。

1896年の第1回オリンピックのマラソンでルイスが先頭で会場に戻ってきたところ（*Official Report Olympic Games, B.C. 776-A.D. 1896,* 1896, New York, p. 97）

近代オリンピックは、古代と同様に女性が出場できる種目はなかったのに、マラソン競技はあった。フランスのある歴史家がマラトン市から出発する長距離走を提案し、一七名の参加者がマラトン橋からスタートした。ギリシアのマルーシ出身で背が低くひょろっとした郵便配達人スピリドン・ルイスが二時間五八分で優勝した。ルイスが競技場に入ると、地元の観客は「ヘッレネ！　ヘッレネ！（ギリシア人だ！　ギリシア人だ！）」と大声で叫んだ。コンスタンティノス王子は観客席から飛び出し、ゴールまでルイスと並走した。ゲオルギオス王はあとから馬と荷車をルイスに贈呈した。フランスの作家シャルル・モーラスはルイスに向けられたギリシア人の熱狂に関心を覚え、式典を見ながらクーベルタンにこう言った。「あなたが提唱する国際主義は……国民精神を抑えるものではなく、むしろ強めるものですね」と。予言ともいえる発言であった。

ギリシアの知識人ディミトリオス・ヴィケラスが初代IOC会長をしばらく務め、そのあとクーベルタンが一八九六年から一九二五年までその任を継いだ。クーベルタンは、オリンピズムを受け入れた、世界の五つの地域を表現するため、有名なオリンピックの五輪のロゴを一九一三年に考案した。フランスの神父が「より速く、より高く、より強く」というモットーを提案したのは一九二一年である。いつも楽観的なクーベルタンは第一次世界大戦で味わった失望を耐え忍んで、一九二〇年に第六回オリンピックがアントワープで開催できるように準備した。

父権的なクーベルタンは、女性がオリンピックに参加することに批判的であったが、公開競技については女性の参加を容認した。すなわち一九〇〇年にテニスとゴルフ、一九〇四年にアーチェリー、一九〇八年にテニス、アーチェリー、フィギュアスケート、一九一二年に競泳と飛込競技である。いっぽう、一九二一年から三四年にわたってフランスのアリス・ミリアが「女子オリンピック競技大会」を何度か開催した。女子のアスリートはこうして少ない種目にかぎり渋々ながら認められるようになった。女子の陸上競技は一九三二年に六種目、一九四八年に九種目であったが、二〇〇〇年の夏季オリンピックでは女子選手が全体の四二%を占め、一二一種目で競い合った。

クーベルタンはまた、オリンピックの開催地を固定することや、プロの選手が参加することにも批判的であった。一九〇八年と一九二〇年にフィギュアスケートは公開競技としてすでに採用されていたが、クーベルタンは冬季大会を分離して開催することにも反対していた。それでも、一九二四年にフランスのシャモニーで冬季スポーツフェスティバル（のちに第一回冬季オリンピックに指定）が質素におこなわれ、一九二八年に冬季スポーツがオリンピックの正式な競技大会となった。三〇年間にわたりクーベルタンが運命を握ったオリンピックは、もはや彼ひとりで統制できるものではなくなろうとしていた。一九二五年に会長を辞任したあとも、クーベルタンはオリンピック運動の生みの親として尊敬されつづけた。彼は遺言で死後に心臓を取り出し、古代オリンピックの開催地ギリシアのオリュンピアに葬ることを希望した。

オリンピックは現在も続いている。冬季大会の参加国は一九二四年に一六カ国であったが、二〇〇二年に七八カ国になった。夏季大会の参加国は一八九六年に一四カ国であったが、二〇〇〇年に一九九カ国になった。競技の数も一〇倍以上に膨れ上がった。開催国による公開競技の導入が認められることもあれば、ＩＯＣが他の競技を取り入れることもあった。例えば野球、バスケットボール、女子サッカーがそれぞれ一九九二年、一九三六年、一九九六年に導入された。柔道は一九六四年の東京オリンピックで公認種目になり、非西洋起源のスポーツがいかにグローバルなものになれるのかを示す格好の事例となった。

女子の形の演武を見守る嘉納治五郎（『作興』13巻4号附録，1934年4月，1頁）

◆柔道とオリンピック

地球上のあらゆる人々は素手による何らかの格闘技を発明したが、極東では七世紀までさかのぼる格闘技がとくに有名である。日本が近代化を企てた一九世紀後半、外国人教師が野球などの西洋スポーツを導入したが、同じころ嘉納治五郎（一八六〇〜一九三八年）が柔術に共通する技法を分析し、うまく編み合わせて、相手の力を利用する護身術の一種、柔道を創案した。一八八二年に嘉納が「柔の道」を教える道場を開くと、柔道はあっという間に普及し、中学校の体育でも必修になった。

嘉納は柔道を広めるために各地を旅行し、一九一一年に大日本体育協会を設立して、一九〇九〜一〇年に日本をオリンピック運動に導いた。一九四〇年に東京でオリンピックが開催される予定であったが、第二次世界大戦で中止になり、敗戦後の占領時代にアメリカ軍が柔道を一時禁止した。柔道はその後復活し、一九五一年に一七カ国が集まり国際柔道連盟を設立した。柔道は現代のスポーツとして世界に認められる過程で、相手に致命傷を与えるという本来の目的を見直し、怪我をせずに競い合えるものになった。ダニングの言葉を借りれば、柔道は「文明化」したのである。一九五六年に日本で世界選手権が開催され、その八年後に柔道はついにオリンピック種目になった。オランダ人アントン・ヘーシンクが無差別級で金メダルを獲得したことは多くの日本人にとって衝撃であった。ロシア、アメリカ、西ドイツ、韓国、オーストリアの選手もメダルを獲得したが、これはこのアジアの格闘技に対する世界的な関心を示すものであったといえる。

◆ヒトラーとオリンピック

オリンピックは戦争――外交上の最大の失敗――によって中断したことがあり、必ずしも定期的に開催できたわけではない。オリンピックの歴史はまた、他の大きな政治的な出来事によっても左右されてきた。一般にＩＯＣは論争を避けながら行動したが、政治的な問題を押しつけられることもあった。例えば一九三六年のベルリン・オリンピックでは、独裁者アドルフ・ヒトラー（一八八九～一九四五年）が四年間のオリンピック期間を利用してナチ党、アーリア人至上主義、そして自分自身を宣伝した。ナチスはユダヤ人をドイツのスポーツクラブから締め出し、黒人を劣等人種と見なしていた。ＩＯＣ会長のベルギー人アンリ・ド・バイエ＝ラトゥールがこの偏見についてヒトラーに問い質すと、ヒトラーは「友人の家に招かれたとき、その家の管理について口を出したりしないだろう」と言い返した。これに対してラトゥールは「恐れながら、総統。五輪の旗が競技場に揚げられているとき、そこはもうドイツではなく、私たちが支配するオリンピックなのです」とさらに言葉を返した。

ヒトラーは指摘に従い、ＩＯＣとアメリカオリンピック委員会会長アベリー・ブランデージ（一八八七〜一九七五年）に、問題を起こさないと約束した。ブランデージは、ユダヤ系アメリカ人、ローマカトリック教徒、黒人が中心となって呼び掛けた〔ベルリン大会の〕ボイコットを何としても防ぐ必要があった。通常はアマチュア競技連合（AAU）がオリンピック代表の選考や認定をおこなっていたが、ブランデージはAAUの抗議によって選考過程の価値が損なわれるのではないかと懸念し、代表の選考をオリンピック委員会に委ねることにした。アメリカはドイツで開催される冬季大会と夏季大会に選手を送ったが、終わってみれば大きな問題は起こらずにすんだ。クーベルタン男爵は開会式のために録音したメッセージを送った。「人生で大切なのは、成功することではなく、一所懸命に努力することです。同様に、オリンピックで大切なことは勝つことではなく、参加することです」。メダルをいちばん多く獲得した国は、冬季大会でノルウェーの一五個、夏季大会でドイツの八九個であった。

ところがアメリカが喜んだことに、アメリカの黒人選手は素晴らしい活躍を見せ、アーリア人至上主義の観念に反証を突き付けた。なかでも大会期間中ひときわ輝いた選手はアフリカ系アメリカ人のジェームズ・C・〝ジェシー〟・オーエンス（一九一八〜八〇年）であった。ガゼルにひけをとらない優美な走り姿のオーエンスは、オハイオ州立大学で開催された大会で三つの世界記録と一つの世界タイ記録を樹立していた。ベルリン・オリンピックでは、一〇〇メートル走、二〇〇メートル走、走り幅跳び、四×一〇〇メートルリレーで、四つの金メダルを獲得した。オーエンスは走り幅跳びで競い合う中で、二位になったドイツ人ルッツ・ロングと親しくなった。観覧席にいたナチスにはきっと不愉快だったろうが、金髪のロングがオーエンスと腕を組んで競技場を歩き回ったのである。

ヒトラーは当初ドイツの勝者を祝福する式典を計画したが、IOCからの要請により断念した。アフリカ系アメリカ人コーネリアス・ジョンソンとデビッド・アルブリットンが走り高跳びで一位と二位になったときには、ヒトラーと側近たちが雨が降りそうだからといって表彰式の直前に会場を立ち去った。オーエンスが勝利したのに彼らが退去したり、ヒトラーによる公式の祝辞が中止になったことを、記者たちは、オーエンスや他の黒人選手に対する「冷遇」であろうと決めつけた。記者たちはかくして一九三六年のオリンピックについて長年語り継がれる神話の一つを創り出すことになった。

しかしそれはあながち大きな誤りであったわけではない。というのも、ヒトラーはプロパガンダ用の刷り物に「アメリカのメダルが黒人の力で手に入ることを、アメリカ人自身がもっと恥じるべきである。私は断じて黒人と握手しない」と公表していたからである。その後、人種差別が残るアメリカに帰国したオーエンスは、「ヒトラーと握手するように誘われませんでしたが、大統領と握手するよ

オリンピック会場に臨席するヒトラー
（Cigaretten-Bilderdienst, G.m.b.H; Richter, Walter, *Die Olympischen Spiele 1936 in Berlin und Garmisch-Partenkirchen,* Hamburg-Bahrenfeld: Cigaretten-Bilderdienstp, 1936, S. 1）

うにホワイトハウスからも誘われませんでした」と言葉少なに語った。

◆人種差別とオリンピック

オリンピックが世界の人種問題を反映する例は、ほかにもあった。スポーツにおける人種差別は公然と視覚に訴える行為であり、オリンピックを利用して特定の問題に注意をひこうとする者も現れた。一九六八年のメキシコシティ・オリンピックで、アフリカ系アメリカ人の短距離走選手トミー・スミスとジョン・カーロスは、二〇〇メートル走でそれぞれ一位と三位になった。表彰台に上がると、二人は顔をうつむけ、黒い手袋をはめた拳を高くあげた。アメリカ国内の人種紛争に抗議するためである。じつは、アフリカ系のアメリカ人選手がこの大会を組織的にボイコットしようと計画していたのだが、失敗していた。二人の行為はその残響であったといえる。皮肉にも、メキシコシティ大会はアフリカの中長距離走選手が優勢になった大会としても知られている。さらに重要な決定は、黒人と白人を分離するアパルトヘイト政策を理由に、ＩＯＣが南アフリカ共和国の参加を認めなかったことであった。

一九五〇年代になると、スポーツ界における人種上のタブーは、世界各地で打ち砕かれはじめたが、南アフリカでは相変わらず残っていた。一九六三年に南アフリカの白人と黒人のスポーツ関係者は〔政府に対抗して〕南アフリカ非人種主義オリンピック委員会（ＳＡＮＲＯＣ）を新しく結成し、すでに認可されていた白人系のオリンピック委員会を除名するようＩＯＣに要請した。ところが、当時のＩ

ＯＣ会長アベリー・ブランデージ（一九五二〜七二年）は、個人の見解として、人種差別だけでは除名の理由として不十分であり、状況にかかわらず「大会は続行すべきだ」と考えていた。

しかし黒人系のアフリカの新興国から圧力を受けたＩＯＣは、差別があってはならないと主張した――もとより平等はオリンピックの長年の理想であった。一九六四年の東京オリンピックに南アフリカを招聘する手続きは撤回された。アフリカや共産主義圏の国々がボイコットすると脅したことから、南アフリカは一九六八年のメキシコシティ大会に参加できなかった。南アフリカに対する圧力が世界各地で高まるなか、イングランド（一九六九〜七〇年）、オーストラリア（一九七一年）、ニュージーランド（一九八一年）へ遠征した南アフリカのラグビーチームは厳しい批判にさらされた。一九七〇年にＩＯＣは南アフリカを三五対二八で除名にした。その南アフリカとラグビーで対戦したニュージーランドが一九七六年のモントリオール大会に参加することに抗議して、アフリカ二八カ国の代表チームが開催のまぎわになって帰国した。ラグビーはオリンピック競技ではなかったのに、これほど大きな行動が起きたのである。

メキシコシティ・オリンピックで入賞したアメリカ人選手２人が黒人差別に抗議して，表彰台の上で黒い手袋をした拳を高くあげた（*Sports Illustrated,* October 28, 1968, p. 25）

南アフリカの大統領F・W・デクラーク（一九三六年～）は、白人系の保守的な政党、国民党の党首でもあったが、一九九〇年にようやく人種隔離制度の解体に向けて、非合法の黒人系のアフリカ民族会議と交渉しはじめた。翌年、IOCは南アフリカの加盟を再び承認した。一九九四年におこなわれた民主的な選挙で黒人大統領になったばかりのネルソン・マンデラは、翌年のラグビー・ワールドカップで、かつて白人系のスポーツの象徴であったスプリングボックの緑色と金色のジャージを着て、南アフリカがニュージーランドを破る試合を観戦した。南アフリカの黒人で偉大な英国国教会の大主教デズモンド・ツツは、「予想していませんでしたが、数年前、いや、数カ月前まで忌み嫌っていたこのスプリングボックのジャージですが、これを着ることに誇りを感じます。……ラグビーが魔法のような効果を持つなんて、私たちのだれも、夢の中でさえも予想していませんでした」と述べた。

◆暴力とオリンピック

オリンピックを舞台にした国家間の対立は、ほかにもあった。中国本土が台湾の参加に反対していたため、一九七八～八一年に二つの中国という方針を作り出す必要があった。東ドイツと西ドイツは、ベルリンの壁によって分断（一九六一年）されていたにもかかわらず、一九六〇年と一九六四年に合同チームを編成して出場した。北朝鮮と韓国は互いに協力することを拒否した。

一九五六年一一月二日〔正しくは一〇月二四日と一一月四日〕、ソビエト連邦〔以下、ソ連〕はハンガリーに戦車を送り込んだ。ソ連の支配に対して民衆が蜂起し、それを鎮圧するための行動だった。大勢のハンガリー人が逮捕され、国外退去を強いられた。およそ二〇万人もの人々が西欧諸国に逃亡した。そんな状況下で開催された同年一二月のメルボルン・オリンピックの水球競技で、ハンガリーはソ連と対戦した。屋内プールには国外居住のハンガリー人が大勢詰めかけ、試合は開始早々から反則が目立つ展開になった。後半はプールの至るところで小競り合いになり、残り数分になったときソ連の選手がエルヴィン・ザードルを殴りつけた。額がぱっくりと割れて、プールの水が赤く染まった。役員は騒ぐ観客を鎮めるために警察を呼んだ。その後ハンガリー代表団一七五人のうち四五人が亡命を求めた。亡命者の一人ミクロシュ・マーティンはソ連の水球チームに対して「やつらのプレーは、やつらの生き様のようだ――野蛮で、フェアプレーなど目もくれない」と声を荒らげた。

しかし最も悲惨な流血事件が起きたのは、一九七二年のミュンヘン・オリンピックであった。パレスチナのテロ集団が選手村に侵入し、イスラエル人コーチ二人〔正しくは選手一人とコーチ一人〕を殺害し、イスラエル人選手七人と警備員二人を人質にとった。テロ集団は、収監されていたパレスチナ人二三四名を解放するよう、二三時間にわたって要求したが、その後人質を連れてフュルステンフェルトブルク空港まで逃走した。空港ではドイツの狙撃班と銃撃戦になり、テロリスト八人のうち五人と、人質全員が死亡した。テロリストの一人が、人質が乗ったヘリコプターを手榴弾で爆破した。ブランデージはＩＯＣ会長として最後の公務で、オリンピックは犯罪的な圧力に対して決して屈してはならず「大会は必ず続行する」と宣言した。競技場で追悼式がおこなわれ、競技は続けられた。競泳で七個の金メダルの獲得と七つのオリンピック記録を樹立したユダヤ系アメリカ人選手のマーク・スピッツは、試合が終わると身を守るためにアメリカの競泳の役員に囲まれてイングランドまで飛行機で移送された。

◆冷戦とオリンピック

オリンピックを舞台にした二〇世紀後半の紛争は、アメリカとソ連が対立する冷戦下において繰り広げられた。両国は互いに自国が優位であることを証明するために複雑な軍事組織を築き、大規模な軍隊を訓練し、同盟諸国に資金や技術を分け与え、協定を結んだ。冷戦という、より広い意味の競争の中にスポーツも巻き込まれた。要するに国際舞台では、最強国が最高の選手を輩出する、そんな論理が暗にあったのである。スポーツは国の活力を示す手段と化した。

一九四八年のロンドン・オリンピックに視察団を派遣したソ連は、一九五二年のヘルシンキ大会に本格的な代表チームを送り込んだ。アメリカは七六個、ソ連は六九個のメダルを獲得した。それ以降、一九六八年のメキシコシティ大会を除く一九九二年まで、夏季と冬季の両大会において、ソ連はアメリカのメダル数を上回った。一九九二年のバルセロナ大会では、ソ連の崩壊により独立した、一二カ国の旧構成共和国から成る一時的な合同チームが、メダル獲得数で一位になった。

ソ連はチャンピオンを生み出すために全国の力をくまなく結集した結果、オリンピック競技で活躍することができた。共産主義の独裁者ヨシフ・スターリン（一八七九〜一九五三年）からみると、国際スポーツ界における成功は外交政策の成功に通じる問題であった。スターリンの死後もこの方針は変わらなかった。負けたコーチは追放され、敗れたチームは解散させられた。とはいえ、ソ連は外側の世界から思われていたほど、スポーツに夢中だったわけでもない。歴史学者ロバート・エデルマンのソ連のスポーツに関する研究『真剣な楽しみ』（一九九三年）によると、オリンピックで成功すると確かに国に名声をもたらしたが、ソ連のスポーツファンのもっぱらの関心は、サッカー、バスケットボール、アイスホッケーであった。しかも女性のスポーツにはほとんど関心がなかったのである。

一八六〇年代にバルト海地域にいたイギリス人船員が、ロシアにサッカーを伝えた。夏のサッカーシーズンの幕開けはロシア人にとって待ち遠しい行事になった。ロシア兵はレニングラード攻囲戦中にドイツ軍の攻撃を受けながらも、一九四二年五月二日に八〇〇〇人の観衆を集めてサッカーの試合をおこなった。第一次世界大戦後にYMCAがラトビア、エストニア、リトアニアでバスケットボールを指導したが、その三国は一九三九年にソ連に併合された国であった。学校のスポーツとしてバスケットボールを取り入れたソ連は、一九五〇年代から七〇年代にかけてヨーロッパのアマチュアバスケットボール界で勢力をふるった。

一九二八年にサンモリッツの冬季オリンピックが成功を収めると、そのあと一九三〇年代にヨーロッパでアイスホッケーの人気が高まった。「衝突と喧嘩」と呼ばれたカナダの戦法とは対照的に、ソ連は一九五六年まで人工スケート場がなかったので、「滑走とパス」を重視した戦術を開発し、この戦術によって世界で注目を集めるようになった。一九七二年にソ連とカナダのプロのオールスターチ

1956年コルチナ・ダンペッツオ冬季五輪のアイスホッケーで優勝したソビエト・チーム（*VII Giochi Olimpici Invernali,* Cortina d'ampezzo, 1956, p. 685）

ームが、ホームアンドアウェイ方式で対戦した八試合のシリーズで、カナダは四勝三敗一分けとなった。これでソ連のアイスホッケー選手は、世界一とはいえないまでも、世界のトップと同じ水準であることが証明された。

ソ連の一般市民からみると、オリンピックのスポーツは見せかけにすぎなかった。政府はそれでもなお、スパルキアードなどの壮観なスポーツ大会を開催するよう命じたし、優れた施設と指導環境が整った寄宿制のスポーツ学校やクラブに、若いスポーツ選手を送り込んだ。有利と見るや、生年月日も偽造した。メダルを獲得するという目標はあらゆる手段を正当化した。スポーツはソ連の社会の他の領域でも見られる緻密な計画を反映しながら、効率と達成を求めて組織化されたのである。

モスクワのディナモは治安当局に後援されたことから、悪名高いスポーツクラブになった。このクラブの常勤の選手は勝つとボーナスがもらえ、競技力向上の薬物を与えられ、それでいてアマチュアであると説明されていた。軍中央スポーツクラブのＣＳＫＡもソ連軍のために同じようにスポーツを推進し、とくにアイスホッケーで名を高めた。ＣＳＫＡは、アメリカが優勝した一九六〇年と一九八〇年を除き、一九五六年から九二年まで、すべてのオリンピック大会で優勝した。東ドイツや中国もソ連のスポーツ強化法を見習った。一九七六年のモントリオール大会では、人口一七〇〇万人未満の東ドイツがアメリカよりも多くのメダルを獲得した。このように共産圏の国々はあらゆる手段で勝つことに重点を置き、他方ではオリンピックの理想であるアマチュアリズムを嘲りながら利用した。

一九八〇年と一九八四年のオリンピックに対する奇妙なボイコットは冷戦時代の政治に直接起因するものであり、選手に失望感を抱かせたほかには、たいして効果がなかった。ソ連は一九八〇年のオリンピック開催権を勝ち取ると、その準備に何百万ルーブルという大金を費やし、共産主義の勝利を世界に誇示する機会にしようと目論んでいた。ところが一九七九年の終わりに、隣国のアフガニスタンの共産主義政府がイスラム反政府勢力に脅かされていたことから、ソ連がアフガニスタン政府を支援するために軍を派遣した。アメリカの大統領ジミー・カーターはモスクワ大会をボイコットするよう、世界各国に呼びかけた。この呼びかけに六二カ国が応じた。IOCは政治に巻き込まれることを拒んでいたが、アメリカオリンピック委員会（USOC）は大統領の要請にやむなく従った。アメリカの代表選手のうち七三％が不本意ながらも愛国心から同意した。いちばん影響を受けたのは選手であった。ハードル選手エドウィン・モーゼスは「この大会はわれわれ選手のものだ」と悲嘆した。世界のトップでいられる年数は限られており、多くの選手が輝く機会を失った。

中国、イスラエル、カナダ、西ドイツ、イスラム諸国はカーターを支持した。イギリス議会はアメリカ大統領の意見に同意したが、それにもかかわらず独立機関である英国オリンピック委員会は代表チームを送り出した。イタリア、フランス、オーストラリア、そしてアフリカの大部分の国々もモスクワに代表チームを派遣した。大会の名声が大きく損なわれたうえ、ソ連の偏った判定のため、ひと悶着もあった。しかしイギリスのスティーブ・オベットが宿敵セバスチャン・コーに八〇〇メートル走で勝ち、反対に一五〇〇メートル走ではコーに敗れるなど、いくつかの見せ場もあった。

ソ連はその報復として、一九八四年のロサンゼルス大会の際に、東側一七カ国に対してボイコットを呼びかけた。前回と同じように、全世界からの参加が叶わなかったことから、大会の威信が失墜した。とはいえ、初の女子マラソンでジョーン・ベノイトが優勝したことや、体操でメアリ・ルー・レットンが笑顔で優勝を飾ったことなど、明るい話題もあった。彼女たちはアメリカでスーパースターとなり、国内の女性スポーツを振興する取り組みに弾みをつけた。

ソ連の崩壊（一九八九～九一年）に伴い、冷戦が終焉すると、ソ連と東ドイツの強力なスポーツ機構も崩壊した。スポーツの祭典は、夏季にはソウル、バルセロナ、アトランタ、シドニーで、同じく冬季にはカルガリー、アルベールビル、リレハンメル、長野、ソルトレイクシティで、四年ごとに開催されつづけた。近年の選手数は夏季大会で約一万人、冬季大会で約二〇〇〇人であり、そのうち三分の一以上が女性である。オリンピックが成功した結果、オリンピックがない年にもアジア競技大会（一九五一年～）、パンアメリカン競技大会（一九五一年～）、マカビア競技大会（一九三二年～）、コモンウェルス・ゲームズ（一九三〇年～）のような地域スポーツ大会が恒常的に開催されるようになった。

一九九二年以降にも論争を呼ぶ出来事はあったが、冷戦が惹き起こしそうな核戦争の暗い影はなかった。オリンピックは政治に巻き込まれながらも時代を生き抜いたが、もう同じ姿ではなかった。オリンピックだけではなく、スポーツそのものが大きく変わったからである。

さらに読み進む人のために

William J. Baker, "To Pray or to Play? The YMCA Question in the United Kingdom and the United States, 1850–1900," *International Journal of the History of Sport*, vol. 11（April 1994）, pp. 42–62.

William J. Baker and James A. Mangan（eds.）, *Sport in Africa*（New York: Africana, 1987）.

Douglas Booth, *The Race Game: Sports and Politics in South Africa*（London: Cass, 1998）.

Robert Edelman, *Serious Fun: A History of Spectator Sports in the USSR*（New York: Oxford, 1993）.

Allen Guttmann, *Games and Empires*（New York: Columbia, 1994）.〔アレン・グットマン著、谷川稔・石井昌幸・池田恵子・石井芳枝訳『スポーツと帝国——近代スポーツと文化帝国主義』昭和堂、一九九七年〕

Allen Guttmann, *The Olympics: A History of the Modern Games*（Urbana: University of Illinois, 2002）.

Allen Guttmann and Lee Thompson, *Japanese Sports*（Honolulu: Hawaii, 2001）.

Victor Heiser, *An American Doctor's Odyssey*（New York: Norton 1936）.

Elmer L. Johnson, *The History of YMCA Physical Education*（Chicago: Association Press, 1979）.

Jonathon Kolatch, *Sports, Politics, and Ideology in China*（New York: Jonathan David, 1972）.

Richard S. Mandell, *The Nazi Olympics*（Urbana: University of Illinois, 1987）.〔リチャード・マンデル著、田島直人訳『ナチ・オリンピック』ベースボール・マガジン社、一九七六年〕

James A. Mangan, *Athleticism in the Victorian and Edwardian Public School*（Cambridge: Cambridge

University Press, 1981).

James A. Mangan and Lamartine P. DaCosta (eds.), *Sport in Latin American Society* (London: Cass, 2002).

James Riordan (ed.), *Sport Under Communism* (London: Hurst, 1978).

James Riordan and Robin Jones (eds.), *Sport and Physical Education in China* (London: ISCPES, 1999).

Stanley Weintraub, *Silent Night* (New York: Free Press, 2001).

第4章　グローバルスポーツの諸問題

国家に名声をもたらし、個人の栄光を称える世界大会は、良くも悪くも変化をもたらした。アマチュアリズム、女性の地位、人種問題への態度、テクノロジー、スポーツ医学、薬物の使用、スポーツの商業主義、スポーツ施設は、ことごとく大きく変貌した。これらの変化を通して、近代スポーツがいかに重要であるかが見えてくる。

◆アマチュアリズム

アマチュアリズムの概念は冷戦の軋みが激しくなる中で消滅した。もちろんアマチュアの理想はかねてからイングランドのラグビー界で休業補償をめぐる問題をひき起こしたり、アメリカの貧しいアスリートにとって障害になったりしていた。アメリカの歴史においてとくに評判の悪い逸話は、ジェームズ・F・〝ジム〟・ソープ（一八八八〜一九五三年）にまつわるものである。ソープはアイルランド人、フランス人、サック＝フォックス族を祖先に持つアメリカ・インディアンであった。ソープがペンシルベニア州のカーライル・インディアン学校に通い始めると優れた万能選手であることが明らかになった。一九一二年にソープはアメリカのオリンピック代表チームに加わり、ストックホルム大会に参加して五種競技と十種競技を制覇した。スウェーデンのグスタフ国王がソープにメダルを贈るとき、「あなたは世界最高の運動選手です」と語りかけた。反貴族的なアメリカ人ソープを喜ばせたが、ソープは「どうも、王様」とだけ答えた。

翌年ソープに不運が襲った。ソープが夏にセミプロの野球で週一五ドルをもらって試合をしていたことが、記者によって暴かれたのである。当時の学生選手にとってはごく普通の習慣であったが、スポーツで報酬を受け取るかぎり、それはプロであることを意味した。アマチュアリズムを偶像に祀り上げていたオリンピックの関係者は、ソープにメダルを返すよう要求した。ソープは名誉を失い、彼らの要求に従ったあと、プロフットボールとプロ野球の道へと進んでいった。それから数年が経ち、ソープが亡くなってから、ＩＯＣはアマチュアリズムに対する姿勢を見直して、ソープの娘にメダルの複製を寄贈した。

ソ連のスポーツ組織が成功すると、西洋ではアマチュアリズムへの姿勢が変わりはじめた。ソ連が一九四八年にオリンピック運動に加わったとき〔ソ連のＩＯＣ加盟は一九五一年〕、ソ連の選手のプロフェッショナリズムに反対する声も上がったが、ＩＯＣはそれを斥けた。ソ連をオリンピック・ファミリーから追放するよりも、ファミリーの一員として迎え入れるほうが重要であると考えたからである。とはいえ、アメリカ、イギリス、フランス、その他の西側諸国はなおアマチュアの理想を支持していたので、ソ連になかなか勝てなくなり、面目を失うようになった。さらにアメリカ国内では、どの団体が選手を支配下に置くかをめぐって、アメリカオリンピック委員会（USOC）、アマチュア競技連合（AAU）、全米大学体育協会（NCAA）の三者が激しい争いを繰り広げていた。AAUとNCAAは支配下選手――双方の組織に所属する選手も多かった――を用心深く管理しようとするあまり、互いに協力することを拒んでナショナルチームに損失を与えることもあった。調停も試みられたが不調に終わり、議会がこの紛争に決着をつけるためにアマチュアスポーツ法を一九七八年に可決した。

この法律は、USOCがオリンピック競技を包括的に管理下に置くとともに、各競技にそれぞれ全国統轄団体を設置することを定めるものだった。そして各統轄団体がそれぞれ資格の審査、大会の支援、コーチの研修会の開催、オリンピック選手の指定などの事業を掌握するようにした。各統轄団体はまた、選手を支援するために大会の懸賞や競技に関わる他の収入などから基金を設けることも許可された。こうして選手は練習に必要な経費を基金から賄えるようになったのである。資格の基準は統轄団体によってまちまちであったとはいえ、この法律はアマチュアリズムを本質的に終わらせ、プロの選手にもオリンピックに参加する道を開くことになった。アメリカは一九八八年のソウル大会にプロテニスの女性選手を送り、一九九二年のバルセロナ大会にはプロバスケットボールのスターから成る「ドリームチーム」を送りだした。

アマチュアリズムは世界の残る地域でも衰退し、ソ連も一九八八年に体裁を装うことを断念した。同じ年、韓国、ハンガリー、フランス、中国、スペイン、ポーランド、マレーシア、インド、東ドイツ、フィリピンが受賞者に報奨金を与えるようになり、一九九三年にUSOCはオリンピックの金メダリストに一万五〇〇〇ドルを授与すると申し出た。いまでもアマチュアの理想は主として大学や高校の学生アスリートに対する責め苦のような規制において名残を留めている。

◆人種と民族

スポーツは少数民族出身のアスリートにも国威を高める機会を与えたり、自国の人々に民族について考える機会をもたらしたりした。例えばオーストラリアでは、テニスのイボンヌ・グーラゴングや陸上競技のキャシー・フリーマンがいる。二人は先住民であったが、世界で通用する選手になった。テニスのコーチ、ヴィック・エドワーズが、羊の毛刈り職人の娘グーラゴングの才能に気づいたのは、彼女が九歳のときだった。グーラゴングが一四歳を迎えると、コーチの家族とともに転居し、一九七一年に一九歳でウィンブルドン大会のシングルスを制覇した。アボリジニにどのように対応するかは、オーストラリアの歴史において頭の痛い問題であった。世界的なランナー、フリーマンは一九九四年のコモンウェルス・ゲームズで一位でゴールしたとき、アボリジニの旗を掲げて会場を一周した。それはあたかも、一九六八年のメキシコ・オリンピックでトミー・スミスとジョン・カーロスがおこなったブラックパワー・サリュート〔拳を高く掲げ黒人差別に抗議する示威行為〕に相当する、反抗的な身振りであった。「アボリジニであることは、私にとってすべてを意味します」。そう言った彼女は「いつも同じ痛みを感じています。多くの友人には才能があるのに、チャンスがありません」と続けた。二〇〇〇年のシドニー・オリンピックのときオーストラリア当局の関係者は、トーチを持ってスタジアムに入り、聖火台に火を灯すランナーとして、フリーマンを抜擢した。国際競技大会はフリーマンとグーラゴングに貧困と偏見から抜け出す階段を提供したのである。

第二次世界大戦後、植民地帝国が崩壊するにつれて、アフリカ諸国が国際スポーツ界に参加するようになった――卓球で二一カ国、サッカーで一二カ国、陸上競技で一一カ国、水泳で九カ国、バスケットボールで八カ国、テニスで八カ国である。オリンピックに参加するかどうかは政治的な成熟度の尺度となり、新興のアフリカ諸国は警察や軍隊などの植民地政府が築いた組織を利用して、選手を雇用したのである。選手に力を貸したのは欧米のコーチであった。アメリカの中距離ランナー、マル・ホイットフィールドも一九六〇年代初頭に文化大使としてアフリカに派遣され、選手たちを指導して志気を高めた。歴史家レイモンド・クライズとビル・スクワイアは、「マル・ホイットフィールドはオリンピックで二度も金メダルを獲得し、比類のない室内競技の選手であったばかりか、大陸全体を目覚めさせた人物としても名誉に値す

1974年のバージニアスリム選手権（現 WTA ファイナルズ）で優勝したイボンヌ・グーラゴング（*Sports Illustrated*, April 26, 1974, p. 30）

る」と論評した。

オリンピックで金メダルを獲得した最初のアフリカ人は、アベベ・ビキラ（一九三二～七三年）であった。アベベはエチオピア皇帝ハイレ・セラシエの親衛隊員であったが、一九六〇年にローマ大会でマラソンに参加して、アッピア街道の石畳みの上を裸足のまま走り、世界記録で優勝した。一九六四年の東京大会ではこんどはシューズと靴下を履いて走り、やはり優勝を飾った。一九六八年のメキシコシティ大会の一五〇〇メートル走では、キプ・ケイノがアメリカのジム・ライアンを破ると、ケニアのランナーが中長距離走を席巻するようになった。ライアンは世界記録保持者で、前年にケイノを破っていた。ところがライアンはオリンピックを控えて単核球症（感染症の一種）に罹りトレーニングを制限されていた。いっぽうのケイノもメキシコシティに入ってから胆石と感染症に苦しみ、医師からレースを止めるよう命じられていた。だが最後の最後になって気が変わり、オリンピック村からタクシーに乗ってスタジアムへ向かった。渋滞でタクシーが止まると車から降り、ゆっくりと走り始めた。スタートラインにたどり着いたのはレース直前だった。標高七三〇〇フィート（約二二二五メートル）は、ケイノにとっては願ってもない場所であった。まるでケニアの生まれ故郷のようだったのである。ケイノはライアンに三秒の差をつけてオリンピック記録を樹立した。ケイノの勝利はケニアのランナーに大きな影響を与え、これを契機に高地トレーニングの国際的な実験もはじまった。

もちろんオリンピックは始めからさまざまな人種や民族に開かれていた。日本も一九一二年にストックホルム大会に二人のランナーを送り出した。しかし結果は期待を裏切るものだった。金栗四三はマラソンの途中でくたびれ果てて走るのを中断すると、そのまま気を失い、完走できなかった。金栗は屈辱を胸に秘め、面目を取り戻す方法を見つけられないまま何十年も苦しんだ。歴史家アレン・グットマンとリー・トンプソンによると、金栗はのちにストックホルムに戻り、レースを中断した場所を正確に見つけ出し、五五年八カ月六日と三二分ぶりにレースを完走したという。

金栗は若いうちはなおレースを続けており、一九二〇年のアントワープ・オリンピックで一六位になった。一九二四年に日本チームはレスリングで銅メダルを獲得し、一九二八年に二つの金、二つの銀、一つの銅を獲得した。一九三二年に日本は一三一人から成る選手団を率いてロサンゼルス大会に参加したが、競泳で獲得可能なメダル一六個のうち一一個を獲得して、世界を驚かせた。選手たちは水泳の特別なキャンプで猛特訓し、日本人選手の能力の高さを証明した。一九三六年のナチオリンピックでは、日本が一八個のメダルを獲得したが、快挙の裏では心の痛む話があった。

韓国〔大韓帝国〕の孫基禎（ソンギジョン）がベルリン大会のマラソンに参加し、イングランド人アーネスト・ハーパーのペースに合わせて走って、記録的なタイムで優勝した。孫は一風変わった若者であった。足の裏にゴム製ソールを括り付けて、鴨緑江（ヤルガン）のほとりを走って楽しんでいた。これは常識外れの行動だった。というのも韓国の慣習では、走らずに、ゆっくりと威厳をもって歩くことが求められていたからである。一九一〇年に日本が韓国を併合すると、その影響は孫にも及んだ。孫は苦渋を嚙みしめながら日本の色のユニフォームを着て、「そんきてい」という日本語の読みで走ることを強いられた。孫が表彰台に上がると、楽団は日本の国歌を演奏し、日章旗が掲げられた。韓国初のチャンピオンであ

ベルリン・オリンピックのマラソンで1位でゴールする孫基禎（Cigaretten-Bilderdienst, G.m.b.H; Richter, Walter, *Die Olympischen Spiele 1936 in Berlin und Garmisch-Partenkirchen,* Hamburg-Bahrenfeld: Cigaretten-Bilderdienst, 1936, S. 55）

る孫は顔をうつむき、失われた国のために涙ぐんだ。

そんなオリンピックの勝利は、現在まで続く課題でもある、人種とスポーツにまつわる好奇心を大いにかきたてた。偉大なジェシー・オーエンスはクリーブランド〔オハイオ州〕の医師から徹底的に検査、測定、レントゲン撮影を受けた。オーエンスの身体が優れているのは人種的な遺伝のためではなく、厳しい訓練のたまものである、その医師はそう結論づけた。しかしベルリン・オリンピックのあと、オーエンスの生理学上の特徴はノルウェー人と見なすべきだと判断された。スポーツ界において人種問題がどれだけ繊細であるかはとっくに明らかになっている――アメリカではスポーツ解説者が口を滑らせると、解雇に値する問題に発展した。一九八八年に、「ザ・グリーク〔ギリシア人〕」こと、ジミー・スナイダー（一九二〇～一九九六年）が、ざっくばらんにおこなわれた録画収録の中で、黒人アスリートがなぜ優れているのかを説明した。「奴隷制の時代に、奴隷の主人が大きな黒人の子供ができるように、大きな黒人を大きな女性と交配させたんだ――それがすべての始まりさ」。地元のテレビ局はキング牧師の記念日に、アメリカにおけるアフリカ系アメリカ人の進歩に関する番組で、この発言を放送した。スナイダーは不用意にもスズメバチの巣を突っついたような猛抗議に遭い、CBSスポーツはただちにスナイダーを解雇した。

それでも論争は絶えなかった。スポーツ界の黒人選手の数と成功が黒人の人口と釣り合っていないことにファンが気づいたときには、この論争に拍車がかかった。例えばアメリカにおける黒人の人口が一三％であるのに対し、野球の大リーグの黒人選手の割合は一七％である。全米バスケットボール協会（NBA）では八〇％、ナショナル・フットボール・リーグでは六七％を占める。一九九六年の陸上競技では、黒人男性の金メダリストの割合が九三％にも及んだ。

ロッカー室には「白人はジャンプできず、黒人は泳げない」という決まり文句があるが、それは本当だろうか。アメリカの大手スポーツ雑誌『スポーツ・イラストレイテッド』（一九六八年七月一日、一九九一年八月五日、一九九七年一二月八日）は、黒人アスリートの優位性について恐れを顧みず調査した。一九八九年四月に放映された、トム・ブロコウとNBCニュースによるドキュメンタリー「黒人アスリート――事実とフィクション」も同様であった。友人たちはブロコウにこの番組をおこなわないように警告したが、ブロコウはのちに「放送直前や直後には、いったいいつになったら嵐が止むのかと気を揉んだ」と語った。最終的に嵐は止んだが、論争は未解決のままである。

スポーツ界における人種の問題は本質的に自然対環境の問題であった。そもそも遺伝的に重要な違いがあるのか。それとも機会、コーチング、支援といった環境に違いがあるのか。適正な研究を追求すればするほど疑問がつきまとう――純粋な遺伝子のサンプルをどこで見つけるのか。同じ集団内の違いをどう説明するのか。ケニアの黒人は素晴らしい長距離走者であるが、最高のスプリンターと考えられる西アフリカの黒人と比べると、身体には大きな違いがある。中央西アフリカのナイジェリア出身の優れたプロバスケットボール選手アキーム・オラジュワンはどうなのか。また、ゴルフ界の伝説になりつつあるタイガー・ウッズの例もある。父親アールには、アメリカ・インディアンと中国人のハーフと、アフリカ系アメリカ人の両親がいる。母親クルティダには、中国人と白人のハーフと、タイ人の両親がいる。ウッズは冗談交じりに自分のことを「カブリナジアン〔コーカシアン、ブラック、インディアン、アジアンの英語の頭文字をとった造語〕」と呼ぶこともあった。つまり人種とスポーツについて説明することは、容易ではないのである。例外はつねに存在するが、未解決の論争はこれから先もいつ点火したっておかしくはない。

しかし偏見が和らいで人種や民族の違いが受け入れられるようになると、プロの才能が国境を越えて移動した。二〇〇二年に上海シャークスからヒューストン・ロケッツに移籍した、七フィート五インチ〔約二二六センチ〕のバスケットボール選手、姚明（ヤオミン）のように。二〇〇三年のNBAドラフトでは、第一ラウンドと第二ラウンドで指名された五八人のうち、二〇人がアメリカ以外の国から選ばれた。一九九九年にロンドンのチェルシー・クラブでは、これとは異なる例があった。イタリア人の指導者が、先発の選手にイギリス人が一人もいない、多国籍のサッカーチームを編成したのである。スポーツは人種や民族に対する偏見を排除できなかったかもしれない。しかしスター選手の国際的な成功は、少なくともホームチームのメンバーに尊敬の念をもたらし、不寛容の雰囲気を和らげた。グローバリゼーションは少数の選ばれた男性アスリートに経済的な恩恵の機会を与えるだけではなく、人類のために多様性を学ぶ機会をつくりだしている。

◆女性とスポーツ

女性の地位も変わった。一般に、経済的・社会的な資源が豊かな国ほど、女性アスリートの数が多い。反対に、アフリカ、インド亜大陸などの発展途上国や、中国もある程度まで、農作業の大部分を女性が担い、また早婚でもあるため、女性アスリートの数が少ない。女性はまた、イスラム諸国のように、女性を匿ったり隔離したりする地域では文化的な制約も負っている。とはいえ、二〇世紀も後半になると、冷戦の圧力下で不可逆的な変化が起こった。

アメリカがメダル獲得数で世界第三位になった一九七六年のモントリオール・オリンピックを見ると、各国の代表チームの女性の割合は、ソ連が三五%、東ドイツが四〇%であった。それに対してアメリカは二六%、イギリスは二一%であったにすぎない。第二次世界大戦中、ソ連では男性の死亡率が高く、女性が兵役や肉体労働に躊躇なく駆り出された。そのために女性がスポーツ界にすんなりと受け入れられるようになり、また女性の種目が国際競争のために巧みに利用できる舞台ともなったのである。

ソ連と東ドイツのチームはメダル獲得数の半分以上を女性が獲得した。ソ連とアメリカがトラック競技で一七回にわたり「決闘」で顔を合わせたが（一九五八～一九八一年）、ソ連は女性の力を借りて勝利をたぐり寄せた。それに対して、アメリカでは長いあいだ女性アスリートに対する根強い偏見が存在した。飛込競技選手アイリーン・リギンは一九二〇年にオリンピックで金メダルを取ったときを思い出してこう言っている。

少女が無理をしたり、一マイルも泳いだりすることが健康に良いなんて、だれも思っていませんでした。健康に良いわけがなく、いずれ私たちは体調を崩し、子供を産めなくなるから、きっと後悔する。そう思われていたんです。

女性への態度はその後もいっこうに変わらなかった。アメリカ国務省がソ連のスポーツ界がなぜ成功したのかを認識し、さらにＵＳＯＣに対してアメリカの女性にもスポーツを振興する何らかの対策を講ずるよう強く求めるようになって初めて、古い態度が変わりはじめたのである。一九六〇年デュークタバコの遺産を継いだドリス・デューク・クロムウェルはこの問題を調査するために、資金不足のＵＳＯＣに五〇万ドルを寄付した。国務省がこの問題に関心を示したのは、ちょうどフェミニスト運動の高まった時期と一致し、一九七二年の教育改正法第九編（タイトルⅨ）の制定へとつながった。これは「合衆国のいかなる者も、連邦政府から助成を受けている教育プログラムや教育活動において、性別を理由に参加を拒まれたり、利益の享受を否定されたり、差別の対象となったりすることがあってはならない」という、ごく平易なものだった。

スポーツ界にとってこの法律の本質的な意味は、スポーツを通じた教育活動において女性が公平な報酬と関心を受けるのは当然であるということだった。一九七五年の施行後、女性への態度が変わりはじめ、女性アスリートの数がみるみる増加した。世紀の終わりまでに、高校ではスポーツに参加する女性の数が一〇倍に増え、大学では女性の数が五倍になった。一九八八年までに、女性がアメリカのオリンピック代表チームの四〇%を占め、共産主義国の歩みと一致するようになった。

アメリカ国内ではタイトルⅨとして知られるようになったこの法律のために、〔女性のスポーツへの参加率が低いという理由から〕スポーツに配分される予算が圧迫されるようになった。ほとんどの大学と多くの学校区は連邦政府から助成を受けていたからである。たいていの学校は法律に準拠すべく努力したが、男性のスポーツであるフットボールに匹敵するほど予算がかさむ女性のスポーツは存在しなかった。そこで各学校は女性に資金を分配するために、スポーツ全体の予算を増やす代わりに、男性スポーツの数を削減した。経営者はとくに体操、レスリン

タイトルⅨについて啓蒙する学生向けのパンフレットの挿絵（Nancy Wieger, et al., *Title IX: An Overview of the Law for Students. A Student Guide to Equal Rights,* Part 2, 1976, p. 2）

グ、水泳を廃止した。フットボールをそのまま残しても、フットボールから得られる収入で残りのスポーツを支援できると考えたのである。ところが実際には他のスポーツを支援するどころではなく、一九八九年にNCAAに加盟したフットボールチーム、五二四チームのうち、経費をどうにか賄えることができたフットボールチームは一三％にすぎなかった。一九九七年のNCAAの調査では、ディビジョンI－A〔ディビジョンIの中でも最上位クラス。現フットボール・ボウル・サブディビジョン〕とディビジョンI－AA〔現フットボール・チャンピオンシップ・サブディビジョン〕のフットボールチームのうち、自己負担で運営できたのは半数以下であったことが明らかになった。一九九九年のジャーナリストの報告によると、ディビジョンIの全フットボールチームのうち赤字にならなかったのは四一％であり、ほとんどのスポーツ局（九四％）は追加の学生費用や一般的な資金援助がなければ運営できなかったのである。

しかしながら、男性スポーツが削減されたことから、こんどは批判の矛先がタイトルⅨやアスリートを夢見る女性たちに向けられた。一九九七年にボストン大学が年間三〇〇万ドル近くの損失を出していたフットボールチームを廃止したとき、経営者はその損失について発言してタイトルⅨのせいにした。しかし女性スポーツを担当していた副アスレチックディレクター〔全運動部を統括する副管理責任者〕のアベリル・ヘインズは、「私たちがそろって感じる失望と不満を共有しない女性アスリートはいません。だれも他人の不幸を喜んでいる人はいません」と反論した。ボストン大学に見放されたフットボール選手に女性が共感した理由は、ヘインズにとって明白であった――スポーツの機会を奪われる苦しみを、女性よりも理解できる人はいないでしょう?

タイトルⅨを覆そうとする試みが繰り返された――タワー修正案（一九七四年）、ジャビッツ修正案（一九七四年）、オハラ法案（一九七五年）、タワー、バートレット、フルスカ共同法案（一九七七年）、ヘルムズ法案（一九七五年、一九七七年）などである。最高裁判所がグローブシティ大学対ベル事件（一九八四年〔連邦資金を受け取る大学にのみ適用されるタイトルⅨを、連邦政府から直接の資金提供を拒否した私立学校にも適用できるか否かが争われた裁判〕）で同法の適用範囲がいったん狭められたあと、ロナルド・レーガン大統領が拒否権を発した公民権回復法が一九八八年に議会で可決され、高等教育機関に対するタイトルⅨの広範な意図が改めて強化されることになった。一九九七年にブラウン大学が提訴した裁判では、女性は実のところアスリートになりたがらないという考え方を最高裁判所が斥けたうえ、女性の学生数と女性アスリートの数がおおむね一致する必要があると認定した。臨時の大統領委員会の調査で二〇〇三年に頂点に達した、レスリング選手による抗議など、タイトルⅨに対する異議が幾度となく申し立てられたにもかかわらず、同法はずっと支持されてきた。かくして国の人口の半分に影響を与えたこの法律は、二〇世紀後半のアメリカで最も重要な制定法の一つに数えることができるだろう。

以上はアメリカ国内の出来事であったとはいえ、世界中のスポーツをする女性にとっても重要な動きであり、世界で進みつつあった女性解放の一環であったといえる。例えば二〇〇三年にパリで開催された世界陸上競技選手権では、アフガニスタンのリマ・アジミが一〇〇メートル走の予選に出場し

2005年にヘルシンキでおこなわれた世界陸上競技選手権大会の1万メートル走を走り終えたエチオピアの選手たち
（*Running Times,* August 2015, p. 80）

た。彼女は灰色のTシャツに、だぶだぶのズボンという出で立ちで、生まれて初めて手に入れたスパイクシューズを履いていた。スターティング・ブロックの使い方さえも知らずにいた。母国では男性の立ち入りが禁止された体育館で、週にたった一度だけトレーニングすることを許されていた。それでもアジミは選考会で他の数人の少女を破り、タリバンの支配から解放されたばかりの新しい国を代表して、パリへ行くよう、アフガニスタン当局から要請された。アジミは全八組おこなわれた予選レースにおいて約四秒遅れの最下位であったが、大きな国際スポーツ大会に出場した初めてのアフガニスタンの女性になった。「記録は重要ではありませんでした。参加することがもっと大切だったのです」。アジミはそう発言した。

二〇世紀の終わりにケニアの男性ランナーが見事に成功したことから、一つの疑問が生まれた。ケニアの女性はどうしているのか？　論理的には、優秀な女性ランナーも男性と同じ数だけいるはずなのに、一人もいなかった。少女は学校で走るのが速かったとしても、貧困に加え、早婚と家庭内に留まる文化によって、その才能が無名の存在へと静かに沈められていたのである。しかしそんな因習に風穴を開ける女性も現れた。一九九一年にスーザン・シルマとデリラ・アジアーゴは一カ月半のあいだに参加した国際ロードレースで、母国なら億万長者になれるほど多額の賞金を手に入れた。最近では社会の変化もあり、全国マラソン大会の勝者パスクワリン・ワングイは「ケニアは変化の真っ最中です。どんどん西洋化されています。女性でも、とくにナイロビのような大都市では、結婚する必要がありません。離婚することだってできます。女性も事業を立ち上げることができます。私たちは以前よりもランナーとして受け入れられ、認められ、支援されています」と語った。

女性がアスリートになる自由、もしくは他の道を自分で選んで進む自由は、もちろん完全とはいえない。イスラム諸国、南アメリカ、インド、その他の地域では、女性はまだ解放の途上である。それでも世界的なスポーツで活躍できる機会は女性の解放を推進するために役立っている。女性がボクシングとレスリングを除く、すべてのオリンピック種目に出場し、ＦＩＦＡが現在一一五カ国の女子サッカーチームを擁していることは、成功の尺度であろう。女性のためのワールドカップも一九九一年に開催された。こうした急速な変化は世界の人口の半分に当たる女性にとって極めて重要であり、世界の社会で進行しているより大きな変化を映し出している。

◈テクノロジー・運動技術・スポーツ医学

テクノロジーをスポーツに応用する試みは、アスリートにも一般市民にも影響を与えてきた。多様な練習方法、用器具、栄養、施設が、人々の競技能力を向上させることに貢献した。なるほど試合に向けて練習したり、体調を工夫して整えたりすることは、少なくとも古代ギリシアにまでさかのぼる。だが、ドイツのヨハン・フリーデリヒ・グーツムーツ（一七五九～一八三九年）やフリードリヒ・ルートヴィヒ・ヤーン（一七七八～一八五二年）が生み出した体育の技法こそ、訓練法や体操を近代へと導いたのである。これに加え、一八世紀と一九世紀の科学革命は知性の継続的な深化をもたらした。一八九三年にフィリップ・ティッシュは自転車競技の選手の疲労に関する研究をおこない、同時代のイギリスの哲学者ハーバート・スペンサーは筋肉エネルギーに関する最初の生理学的な研究をはじめた。

スポーツ医学が近代的な研究分野として扉を開いたのは、一九二八年のサンモリッツ冬季オリンピックのときだった。このとき医師三三名が集まり、アスリートの医学的な問題について議論した。もちろん他の医師たちにしても古代につながる長い歴史をもっており、運動療法や治療法にかねて興味をもっていた。したがって、このときの集まりが組織的であったという点を除けば、とくに目新しい動きだったわけではない。しかしながら、定期的な会議やセミナーのほか、『スポーツ医学・体力雑誌』（一九六一年～）のような学術誌も初期のこうした組織的な取り組みから生まれたものであり、アスリートの医学的な問題について情報を交換するために重要な役割をはたしたのである。

栄養面の進歩において興味深い例といえば、脱水症と関連していたことであった。脱水症への懸念はいくぶん滑稽な方法でゲータレードの発明につながった。ゲータレードは運動して汗をかく人ならだれでも利用できる初めてのスポーツ飲料であった。フロリダ大学の腎臓学者ロバート・ケイドは、元サッカー選手の研究助手から受けた質問に興味を抱いた。運動選手はどうして練習中に尿を排泄しないのですか？　ケイドと助手はこうして脱水の影響に加えて、激しい運動中に失われたナトリウム、糖質、水分をからだに補給するために何ができるのかを研究しはじめた。研究室の技術員は飲み薬を調合した。一九六五年にフロリダ・ゲイターズとＬＳＵタイガーズが対戦した試合でこの飲み物を初めて提供したとき、タックル専門の選手が「なんだか小便臭いな」と大声をあげてカップの残りを頭の上に注いだ。

ケイドは科学者として妥協を許さず、自分の研究室で選手の評価をみずから確かめ、飲み薬を味見し、非難を斥け、調合法を改善した。いまやゲータレードは一九種類の風味が市販され、年間二〇億ドル以上の売り上げで、スポーツ飲料市場を支配するまでになった。こうして成功したスポーツの霊薬は毎年六〇〇万ドルの使用料を大学に支払い、ケイドの研究室、三〇種類におよぶ奨学金、教授のポストのために使われた。さらにゲータレードはアスリートの健康をも改善したのである。

アスリートがスポーツに対する考えを深めるにつれて、運動技術も変わった。例えば一九五二年のヘルシンキ・オリンピックでは、およそ勝利とは縁のなさそうなチェコスロバキア人エミール・ザトペックが、五〇〇〇メートル走、一万メートル走、マラソンで記録を更新した。ザトペックは痩せ気味で、頭は少し禿げ上がり、いまにも倒れそうに走った。赤ら顔で、頭を前後に揺らし、腕は宙に振り乱し、舌を垂れ下げた。それでもザトペックの走力は共産主義のチェコスロバキア政府の関心を引くのに十分であり、政府はザトペックを軍隊に入隊させて練習できるようにした。ザトペックは夜中でも軍靴を履いたまま懐中電灯を使って練習した。そして新しい練習方法を編み出した。ゆっくりと

マラソンでスタジアムに戻ってきたザトペック
（*Official Report of the Organising Committee for the Games of the XV Olympiad, Helsinki, 1952*, Werner Söderström Osakeyhtiö, 1955, p. 292）

走るジョギングと、一〇〇メートル疾走を繰り返すのである。これはこんにちインターバル・トレーニングの名で知られているが、ザトペックはこの方法で疲れ切ってへとへとになることがほとんどなくなった。彼は四〇キロを走った経験がなかったのに、オリンピックのマラソンで優勝した。ザトペックが型破りな走法で足音を立てて走ると、観衆は「ザートーペック！　ザートーペック！　ザートーペック！」とまるで蒸気機関のように声援を送った。

一九六八年にソ連がチェコスロバキアに侵攻し、リベラル寄りの共産主義運動を鎮圧した。このときザトペックは愛国心から、共産主義は人民に「息ができる空気」を用意しなければならない、と発言した。その結果、政府は「空飛ぶチェコ人」に与えた軍隊の階級を剝奪し、共産党から彼を追放した。ザトペックは二〇年以上にわたって世界から姿を消した。ザトペックは一日に一〇〜一四時間もの肉体労働を強いられながら糊口をしのいでいたのである。ザトペックは旅行を禁じられ、最終的にはスポーツ省で外国のスポーツ雑誌を翻訳する仕事を強いられた。冷戦が終わると、政府はザトペックにむごい仕打ちをしたことを謝罪し、剝奪した軍隊の階級を回復した。いっぽう、ザトペックが開発したインターバル・トレーニングは水泳などの他の競技にも広まり、なくてはならない練習方法の一つになっている。

一九六八年のメキシコシティ・オリンピック以降、有名になった「背面跳び（フォスベリー・フロップ）」もまた、スポーツの技術を変えた例の一つである。ディック・フォスベリーは高校時代には痩せ気味で背が高く、不器用な少年だった。彼は走り高跳びの選手で、はさみ跳びを得意としていた。この跳び方は、ジャンプしたあと、両脚を伸ばしたまま交互に振り上げて跳ぶ方法である。フォスベリーは、当時は一般的であった、顔を下に向けてバーをまたぐように跳ぶ、ベリーロールができなかった。ハサミ跳びしかできないフォスベリーは、最高でも五フィート六インチ〔約一六八センチ〕しか跳べなかった。一九六三年に地区選手権に向けて練習していたとき、フォスベリーは、尻を高く引き上げて、顔を上に向け、後ろに横たわった姿勢のまま、バーを越えてみようと考えた。すると五フィート一〇インチ〔約一七八センチ〕を跳んだので、周りの仲間も驚いた。因習を打ち破る「フロップ〔フロップには「ドサッと落ちる」「大失敗」などの意がある〕」の始まりである。

高校と大学のコーチは疑いながら見ていたが、フォスベリーは、からだを頭から先導し、背中を反って、弧を描いてバーを越える、新しい技術を磨きつづけた。フォスベリーが全米大学選手権で五位になると、ベリーロールを使っていた他の競争相手からも注目されるようになった。国内では、フォスベリーは他のだれよりも七フィート〔約二一三センチ〕を安定して跳べる選手になり、メキシコシティ大会のチームの一員に選ばれた。フォスベリーは高さ七フィートと四・二五インチ〔約二二四センチ」をクリアし、オリンピック記録を樹立して金メダルを獲得した。『スポーツ・イラストレイテッド』誌が述べたように、「世界中が見るフロップ」を実演したのである。それは高跳びの技術を変え、それ以来、背面跳びがこの種目を独占するようになった。

メキシコシティ・オリンピックで背面跳びを披露したフォスベリー（*Official Report of the Olympic Games 1968,* World Sports, vol. 3, 1969, p. 85）

ソ連と東ドイツのスポーツ学校が成功したのにつづいて、アメリカオリンピック委員会も、遅かれ早かれ、アメリカにトレーニングセンターを設立して、最新の技術を試行し教授することになった。コロラド州コロラドスプリングスに放置されたままだった空軍基地に、同センターが設置されたのは一九七七年であった。USOCは集中的かつ長期的なトレーニングをおこなうために、各競技団体に対して選手やコーチをセンターで合宿させるよう要請した。このセンターには体育館をはじめ、屋内実験用プール、自転車競技場、陸上競技用トラック、図書館、寮があり、スポーツ医学やバイオメカニクスの担当者もいて、コーチやアスリートの成功を約束する最高の施設であった。それは共産主義のスポーツ機構に追いつくために必要な努力であったばかりでなく、アメリカのスポーツ界への科学の応用という側面もあった。西洋で開拓された一八世紀の科学・産業革命が、とうとう西洋のスポーツにも体系的に適用されたのである。

テクノロジーの革新が進むと、用器具なども斬新になった。水泳選手であれば、首から膝まで伸びる、きついテフロンコート製の水着が作られて、身体が水の中でも容易に推進できるようになった。その結果、選手は泳ぐ前に体毛をわざわざ剃って、からだの表面を滑らかにする必要がなくなった。高速カメラを見たアーチェリーの選手は、弓から放たれた矢がくねくねスパゲティのように空中を移動するのを知って、グラファイトを上塗りしたアルミニウム製やカーボン製の硬い矢を使うようになった。ライフル射撃の選手は練習施設でレーザー、録画装置、心拍数を測るモニターを見ながら、シヨットが適確におこなわれているかどうかを自分で点検して射撃技術の欠点を見つけ出した。短距離ランナーは風の抵抗を減らすために特殊なボディスーツを着用するとともに、ゴム製トラック専用の特殊なピンを装着した、超軽量のシューズを履きはじめた。自転車レースは規制により技術革新が制限されたが、選手は涙滴型のヘルメットやボディスーツ、それに空気圧を一平方インチあたり二五〇ポンドにまで高めたタイヤを採り入れた。

◆薬物とスポーツ

とはいえ、開発中の科学やテクノロジーをスポーツに応用する動きには負の側面もあった――運動能力を向上させる薬物を違法に使用することである。薬物問題がはっきりと表面化したのは、一九七六年のモントリオール・オリンピックで、東ドイツの女子水泳選手が一三レース中一一レースで優勝したときだった。彼女らの声が異様に低いのは男性ホルモンのせいではないか、アメリカの水泳選手シャーリー・ババショフがそう発言すると、東ドイツのコーチは「選手は歌うためではなく、泳ぎに来たんだ」と応じた。ババショフの直観は確かに正しかったが、当時は証明されなかった。一九九一年に共産主義圏が崩壊すると、法律研究者が東ドイツの軍事病院に隠されていた全一〇巻の資料を発見した。そこにはアスリートに投与された薬物の詳細が記されていたのである。

主要な男性ホルモンの一種テストステロンは一〇代の少女でも自然に一日あたり〇・五ミリグラムの分量が分泌される。ところが共産主義国のスポーツドクターはその七〇倍に当たる三五ミリグラムまで選手に日常的に処方していた。テストステロンが多く分泌される男性にはそれほど著しい効果は現れなかったが、若い女性には過剰なテストステロンの接種がたくましい筋肉、ひどいニキビ、低い声、腹部に広がる陰毛、性欲の高揚、そしてプールでは目をみはるスピードを生み出したのである。

一九九〇年代後半に元コーチと医師に対して訴訟が起こされた。裁判から明らかになったのは、男性化した体型、しわがれた声、変形した赤ん坊、肝機能障害、内出血、腫瘍、うつ病などの長期的な障害とその過程であった。スティーヴン・ウンゲライダーは『ファウストの金メダル（ファウストは伝説的な錬金術師）』という著書の中で、クリスティアーネ・クナッケ（のちにソマー）の証言について紹介した。彼女は一三歳のとき州の監督下でトレーニングを開始し、一九八〇年のモスクワ・オリンピックで東ドイツのために銅メダルを獲得した。コーチから「小さな青い錠剤」を与えられ、ビタミン剤と言われた注射を打たれていた。それが男性ホルモンであることは、彼女には伏せられていた。検察官から薬物を自発的に服用したかどうかを尋ねられたとき、クナッケはこう答えた。「初めて薬を飲んだのは一五歳のときでした。プールで練習するとき、合い言葉は「薬を飲むか、さもなければ死か」でした。断るなんて、許されません」。

モスクワ・オリンピックの100メートル・バタフライで３位になったクナッケ（右端）。東ドイツがこの種目上位３位まで独占した（*Games of the XXII Olympiad, Moscow, 1980: Official Report of the Organizing Committee of the Games of the XXII Olympiad,* Moscow, 1980. vol. 3, p. 484）

クナッケは裁判所でコーチ、医師、トレーナーなどの被告人を指さしながら語気を強めた。「あの人たちが私のからだも心も破壊したんです。私に薬を与えたんです。経口ステロイドを。私を狂わせ、私のからだを台無しにしたんです。私のメダルまでも毒で汚したんです」。彼女は立ち上がり、オリンピックのメダルを裁判所の床に投げつけた。「それは腐り切っています。薬と腐敗したシステムで毒まみれです。何の価値もないし、すべてのドイツ人にとって恥さらしです」。

薬物問題は二〇世紀になって露わになっ

たとはいえ、一九世紀にさかのぼる科学研究に基づいていた。フランスの生理学者は「内分泌物」に関する理論を打ち立てて、最終的に一九三五年にドイツ、ユーゴスラビア、オランダの科学者たちが合成テストステロン〔男性ホルモンの一種〕を製造し、医学療法のために使用した。人気作家ポール・ド・クルイフがこの開発に関する情報を『男性ホルモン』（一九四五年）という本の中で紹介すると、ボディビルダーがその可能性に注目しはじめた。アナボリック・アンドロジェニック・ステロイド、つまりテストステロンの合成誘導体は男性の二次性徴を誇張し、体脂肪を減少させ、筋肉量と筋力を増加させた。ステロイドはさらに攻撃性をも高めた。ある水泳選手は東ドイツの女性について「まるでこちらの舌を引き裂きたいかのような目で見てきます」とウンゲライダーの取材に答えた。ともあれステロイドは筋力を高め、激しい疲労から素早く回復させることによって運動能力を向上させたのである。

アスリートは勝利のためにどうしたら「優位（エッジ）」に立てるかを長らく探し求めてきた。もちろん公然たる買収はいまに始まったわけではなく、古代オリンピックでもカリポスが五種競技で対戦者を買収しようとした。裁判官はカリポスの出身地アテナイに罰金を科したが、アテナイ人が支払いを拒否すると、デルフォイ〔神託で有名な聖地〕の女性神官はアテナイ人がその判決に従うまで神託を伝えなかった。運動能力を向上させる薬物を利用することも目新しいものではない。一九〇四年のセントルイス・オリンピックでも例がある。アメリカのトーマス・ヒックスはマラソンで先頭を切ってゴールしたあとに崩れ落ちた。回復後、ヒックスは走っている途中で興奮剤の一種ストリキニーネとブランデーを摂取したことを認めた。ヒックスは「アメリカ大統領になるよりも、このレースに勝ちたかった」と記者団に語った。これは不吉な前兆であった。

1904年に行われた第３回オリンピックのマラソンで，23マイル付近を走るヒックスの様子（Charles J. P. Lucas, *The Olympic Games 1904,* St.Louis, 1905, p. 58）

アスリートはいくつもの方法がある中でとくに試したのは、ビタミン、カフェイン、酸素、アスピリン、ノボカイン〔局所麻酔薬の一種〕、アンフェタミン〔興奮剤の一種〕、妊娠、性的禁欲、アヘン、アルコール、糖質摂取の調整、保存された選手の血液を再注入する血液ドーピングであった。一九八四年のロサンゼルス・オリンピックでは、アメリカの自転車競技選手七人が血液ドーピング、いわゆる「ブースティング」を試みて多少は有利になった。ただし血液ドーピングは酸素を運ぶ赤血球の量を増やすが、血液を汚泥のように濃くするため心臓発作を引き起こす可能性があり、注意が必要であった。ＩＯＣは一九八五年に血液ドーピングを禁止した。かつて東ドイツは浮力を高めるために、水泳選手の腸に空気を送り込もうとした。しかし痛みが強すぎて成功しなかった。だが、「優位」に立つために最も憂慮すべき技術は、アスリートの体型と生理機能を変える、同化ステロイドや類似の物質の使用であった。そうした薬物はいうまでもなく公正なプレーの原則に反するし、人間の自然な特性をも変えてしまうものだった。

一九五二年ソ連が初めてオリンピックに参加したとき、重量挙げで七個のメダルを獲得した。この結果は驚くべきもので、ステロイドの使用が疑われた。一九五四年にウィーンでおこなわれた重量挙げ選手権大会のさい、アメリカ・チームの内科医ジョン・ジーグラー博士が酒場で会話中に、ソ連の医師からその疑問について確かめることができた。ジーグラーはメリーランドに戻ると自分のからだを使ってテストステロンを試し、一九五八年に東海岸のヨーク・バーベル・クラブの会員三人に対して、最初のタンパク同化ステロイドとなるダイアナボルを投与した。彼らがたちまち世界記録のレベルに達したことから、やがて他のアスリートにも「小さなピンクの錠剤」の秘密が漏れていった。

一九七一年にアメリカのスーパーヘビー級の重量挙げ選手ケン・パテラ〔のちにプロレスに転向〕は、ソ連の選手ヴァシーリー・アレクセーエフに惜しくも敗れたが、一九七二年のオリンピック大会で再戦することを楽しみにしていた。パテラは「昨年のオレとあいつの違いはただ一つ、あいつと同額の調剤料を支払える余裕が、オレにはなかったことだ」と記者団に語った。「今ならできる。来年ミュンヘンに着いたとき、オレの体重はだいたい三四〇〔約一五四キロ〕か、きっと三五〇〔約一五九キロ〕だろう。そこで、どちらが優れているのかを確かめるんだ。やつのステロイドか、オレのものかを」。しかしオリンピックの試合では、パテラはリフティングに失敗し、勝ったのはアレクセーエフであった。IOCはパテラの発言に対して沈黙を守りとおした。

◆検査官と薬物使用者

しかしIOCは一九六七年に競技力向上薬を規制する決議を採択し、禁止薬物のリストを少しずつ作成しはじめ、一九六八年のメキシコシティ大会から薬物乱用者を摘発しようとした。現在に至るイタチごっこの始まりである。一九七二年のオリンピックの陸上競技の選手に対して非公式におこなわれた調査では、ステロイドの使用者が六八％であることが判明した。一九七四年のコモンウェルス・ゲームズでは、検査した五五件のうち九件が陽性であった。一九七六年にオリンピックで最初におこなわれたアナボリックステロイドの検査では、二七五人中、八人が陽性であった。

発覚が続いたあと、薬物の使用者は闇市場に手を出し、死体の下垂体から採取した外因性テストステロンやヒト成長ホルモンに切り替えるようになった。一九八〇年のモスクワ・オリンピックで非公式のスクリーニング検査がおこなわれると、参加者の二〇％がテストステロンを使用していることが明らかになり、IOCはテストステロンの使用を禁止した。一九八三年にカラカス〔ベネズエラの首都〕でおこなわれたパンアメリカン競技大会では、より精巧な尿検査が参加者を驚かせ、検査官は一〇カ国から計一五人の選手を摘発した。最初の検査で失格者が出ると、一一人のアメリカ人が〔検査前に〕会場から早々に引き揚げて、そのまま帰国した。検査で失格した重量挙げのジェフ・ミッチェルズは「検査官はステロイドだけを探している。われわれはそう言われた」と語った。

選手は発覚を逃れるために試合の数週間前には違法薬物を中断したり、薬物を利尿剤で洗い流したり、ときには検査に備えて他人の尿とすり替えたりした。抜け目のない検査官が尿を採取しているところを検視するようになったことから、選手の中には検査の前にきれいな尿をカテーテルを使って膀胱の中に注入する者も現れた。この方法はあまり成功せず、痛みもひどかった。一九八四年のオリンピックの一万メートル走でフィンランドのマルッティ・ヴァイニオがステロイド検査に引っかかり銀メダルを剝奪されたが、そのとき奇妙なことが起こっていた。ヴァイニオは試合の数カ月前にステロイドを止めていたが、あらかじめ保存していた自分の血液をレース前に再び注入していた。その血液の中にステロイドが残っていたのである。検査に引っかかったのは、そのためだった。しかし詐欺師たちにとって最善の解決策は、ステロイドの使用をわからなくする「デザイナー・ドラッグ」や、あるいは検査で検出できない薬物を使用することであった。

カナダの短距離走者ベン・ジョンソンが一九八八年のソウル・オリンピックで検査に引っかかり失格になったのは、一つの皮肉である。ジョンソンのコーチ、チャーリー・フランシスはステロイドやヒト成長ホルモンをはじめとするさまざまな薬物を選手に勧めていた。ジョンソンは利尿剤を使用して、試合の直前に身体をきれいに洗い流したはずだった。だが、ジョンソンが使用していないとフランシスが思っていたアナボリックステロイドの一種スタノゾロール〔タンパク同化ステロイド薬〕が、ジョンソンのからだから検出されたのである。

ジョンソンはかなり前から薬物の使用が疑われていた。異様に発達した筋肉、競技力が短期間で著しく向上したこと、肝機能障害の徴候である黄色い目。しかしジョンソンは摘発されずにすんだので、スタノゾロールを検知するテストに、何か不備があった疑いもある。ジョンソンはその薬物についてたとえ無罪であったとしても、何であれ薬物を使用したことについては確実に有罪であった。メダルを剝奪されたジョンソンは名誉を失い、カナダに帰国した。チャーリー・フランシスはアスリートの薬物の使用について、「それは不正行為ではない。私の定義では、不正行為とは他のだれもしていないことをすることだ」と言い放った。哀しいかな、ジョンソンは二年間の資格停止処分を受けたあと、再び検査に引っかかり、トラック競技から永久に追放された。

◆広がる薬物文化

一九八六年から八九年までの三年間に、東ドイツの医師一人とコーチ二人が中国を訪れた。中国では薬物計画の立ち上げを支援しており、重量挙げ、水泳、陸上競技で超人的な成績を見せはじめていたのである。一九八八年の世界重量挙げ選手権に中国の女性がひょっこりと現れて、全九種目を制覇した。一九九三年に中国の女性がマラソンでその年の上位四位の記録をマークし、同年に北京で開催された全国大会で、五人の女性ランナーが一〇種目で世界記録を更新した。王軍霞（ワンジュンシア）は一万メートルでそれまでの世界記録を四二秒も縮め、同様に三〇〇〇メートルの記録を一六秒縮めた。曲雲霞（クユンシア）は一五〇〇メートルの世界記録を約二秒縮めた。世界記録はたいてい少しずつ短縮するものなので、ただちに薬物の使用が疑われたが、コーチの馬俊仁（マーチャージン）は、厳しいトレーニングに加え、亀の血や「冬中夏草〔昆虫に寄生するキノコの総称〕」などの伝統的な中国の滋養食を摂った成果であると主張した。

一九八八年のソウル・オリンピックで中国の水泳選手が銀メダル三個と銅メダル　個を獲得した。同様に一九九二年のバルセロナ・オリンピックでは金メダル四個、銀メダル五個を獲得した。また、一九九四年九月にローマで開催された世界水泳選手権では一六種目のうち一二種目で優勝した。しかしながら同年一〇月、女性三人と男性四人の選手が検査の結果、禁止薬物のジヒドロテストステロン〔男性ホルモンの一種〕の陽性が確認された。一九九四年のアジア競技大会では、検査した水泳選手一七人のうち七人が陽性となり、他の選手はステロイドの数値が標準より高いことが明らかになった。これは東ドイツのシステムの再現であった。中国は、子どもたちの適性検査、専門のスポーツ学校、アナボリックステロイドを完備する、もう一つのスポーツ機構を創り出したのである。ソ連にはスポーツ寄宿学校が四六校あり、東ドイツには二〇校あったのに対して、中国には一五〇校が存在した。

IOCは一九六七年に薬物の問題を少しは認識したはずであったが、かといって検査を厳格に実施する気はあまりなく、後手にまわる場合が多かった。オリンピック期間中には検査を実施したが、それ以外の期間に選手を監視するためには、各国オリンピック委員会と競技連盟に協力を仰ぐしかなかった。例えばUSOCが全国選手権で初めて検査を実施したのは、一九七八年であった。一九九二年になると四八時間前に事前通告したあと会場外で強制的に検査するようになり、一九九六年からはまったく予告なしで会場外の検査を実施するようになった。一九八四年と一九八八年にUSOCの検査の責任者を務めたロバート・ヴォイ博士はこんな論評を残している。

アスリートは歩く実験室であり、オリンピックは科学者、化学者、非倫理的な医師たちの性能試験場になっている。検査官は〔違法薬物の〕達人のほうが賢いことを知っている。達人はレーダーの下に潜り込むすべを知っているんだ。

一九九六年のアトランタ大会で、IOCは一万一〇〇〇人のアスリートのうち二〇〇〇人を選んで検査した結果、二人が陽性であった。IOCは疲労回復を助ける新薬ブロマンタンを使用したロシアの選手を見つけたが、その薬はまだ開発されたばかりだったので制裁を課すことができなかった。加えて、尿検査ではヒト成長ホルモンを検出できなかったということもあり、選手たちは「きれいな」アトランタ大会のことを、冗談交じりに「成長ホルモンの大会」と呼んでいた。

薬物の危機が高まった。一九九七年から翌年にかけてオーストラリア・オリンピック委員会が自国のオリンピック選手を検査したところ、三二〇〇件もの陽性反応を検出した。一九九八年にオーストラリアでおこなわれた世界選手権では、中国の水泳選手の荷物の中に、ヒト成長ホルモンが入った容器一三本が見つかった。一九九八年のツール・ド・フランスでは、マッサージ師の車の中から赤血球の生成を刺激する薬物エリスロポエチン（EPO）が見つかり、イタリアのチーム「フェスティナ」が追放された。大リーグのマーク・マグワイヤはホームラン記録を更新する過程で、ステロイドの一種アンドロステンジオンを使用したことを平然と認めた。IOCはこうした圧力を受けてスイスのローザンヌで会議を招集し、準独立機関の世界反ドーピング機構（WADA）を創設して、二〇〇〇年一月一三日から運用を始めた。同機構は年間を通した抜き打ち検査、教育活動、より適切な検査を開発するための研究などに取り組んだ。だが、イタチごっこは終わらなかった。

◆スポーツ界の「黙示録」

二〇〇三年六月一三日、WADAからカリフォルニア大学オリンピック薬物研究室に、注射器から移された透明な液体入りの試験管が郵送されてきた。この試験管は陸上競技のコーチから提出されたもので、彼の言うには、未知のアナボリックステロイドが含まれており、選手たちも使っているという。ドナルド・H・カトリン博士と助手の化学者は三カ月にわたる分析の結果、テトラヒドロゲストリノン（THG）を発見し、それを使用した選手を見つけ出す検査方法も開発した。匿名の情報提供者がまた、合成薬物の出所を特定し、裁判所が調査を開始した。二〇〇三年後半において未完了のこの事件は、オリンピック大会やさまざまなプロスポーツに参加する多くの世界クラスの選手が関与しているようである。カトリンは「スポーツ界がどう反応するか興味がある。これを厳格に精査すると、根本的な改革があるかもしれない。五年後に、また大きな破綻を見たくはない。それが恐ろしい」と思いを語った。

カトリンが恐れていたものは、いうまでもなく、すでに実験室の中にある。一九九九年にペンシルベニア大学の生理学部で、H・リー・スウィーニー博士が研究チームを率いてマウスの筋肉に合成遺伝子を注入し、筋肉の成長を継続的に刺激する効果を調べた。マウスは通常より六割も多く筋肉を成長させ、たった一回処置するだけで、たとえ老化しても筋肉は衰えずにそのまま維持した。ヒトDNA合成遺伝子の一〇万個の遺伝子を解読したヒトゲノム計画により、いまや合成遺伝子を使って人間の潜在能力を改変できるまでになった。近い将来、筋肉の肥大のほか、赤血球の増加、血管の拡大、損傷した靭帯の修復が可能になるであろう。バイオテクノロジーの医学的な可能性は計り知れないが、すでに数人ばかりの重量挙げ選手がスウィーニーに連絡して注射を求めている。スウィーニーが説明しているように、「安全性に関するデータは彼らに何の意味もなかった。彼らは決まって今すぐにでもやれると言うんだ。FDA〔アメリカ食品医薬品局〕はいい顔をしないだろう、もし君たちを助けるなら、私は刑務所に入ることになる。そう言ってやったんだ」。

しかし筋肉の機能を変化させる遺伝子を埋め込む技術は困難ではなく、生検でしか検出できない成長ホルモン放出ホルモン（GHRH）が次の大きな課題になるであろう。遺伝子操作はすでに目に見える地平線上にあり、だれひとり例外なく根本的な問題を引き起こす。ノルウェーのスピードスケート選手で、オリンピックの金メダリストであるヨハン・オラフコスは医師でもあったが、アスリートの代表としてIOCに所見を述べた。

これはスポーツだけでなく人類にとって倫理的な問題です。自然をもてあそんでいるのです。どこまで行けば気が済むのでしょうか。……人間よりもはるかに賢く、強く、優れたものを、どうして遺伝的に作ってはいけないのか。なぜ人間に翼をつけてはいけないのか。なぜ人間にハエの目をつけてはいけないのか。でも、それをおこなってしまえば、私たちはもはや人間ではなく、他の何ものかになってしまいます。

スポーツ界の「黙示録（世界の終末を預言した書物）」がわれわれに重くのしかかる。「きれいな」アスリートは敗北し、あざ笑われている。一九七六年に東ドイツの少女に対して不満をぶつけた水泳選手シャーリー・ババショフは「無愛想シャーリー」と呼ばれ、アメリカの男性コーチは失敗と呼ばれた。彼は二度とオリンピックのコーチに就くことはなかった。アスリートに健康の害が及ぶことはすでに証明されており、公正な競争を確信できる者はいないのだ。

大リーグは選手に対して薬物検査を実施すると警告を発したにもかかわらず、二〇〇三年の調査で選手の五～七％から陽性反応を検出したことが明らかになった。デイブ・キンドレッドは『スポーティング・ニューズ』紙にこう書いた。

大きなダメージが与えられた。それも何年も修復できないダメージである。……これは煎じ詰めれば、組織的な失敗である。なぜなら、公平なプレーを見るために、相応のお金を払ってくれるファンとの約束を、反故にしたからだ。いま、どの選手にも疑いがある。どのヒットにも疑いがある。すべての三振に疑いがある。野球界では統計によって本質的な公平性や時代を超えた美しさが定義されてきたし、選手は数字によって聖別されてきた。それがいまやどうなのか。七二（ホームラン記録）という数字に、いま何か意味があるのか？　四シーズンで三度もベーブ・ルースの六〇本よりも多くホームランを打ったからといって、その男にどんな反応を見せればよいのか？

不信は薬物の結果である。そんな不信感は、人間の能力と精神のまさに手本とすべき競技力を発揮する、「きれいな」アスリートにさえも及んでいる。偉大な競技力を見せれば、かえって疑いの目が向けられる。

残念ながら、薬物文化はあらゆるレベルのスポーツに浸透している。シカゴの医師にして作家でもあるボブ・ゴールドマンは、一九九五年に一九八人のアスリートにこんな質問をした。勝つことが保証され、しかも見つからない場合、禁止薬物を摂取するかどうか、と。すると三人を除く全員が「はい」と答えた。その後ゴールドマンは二番目の仮定的な状況について質問した。これから五年間に参加するすべての試合に勝つことができ、なおかつ捕まらないという保証もあるならば、たとえ副作用で死ぬことがあっても、競技力を向上させる薬物を摂取するか、と。すると半分以上が「はい」と答えた。この調査は、アスリートがなぜ戦うのかということについて疑問を投げかける。

もちろん尊敬に値する答えは、アスリートは栄光、名声、そして最高であることにただ満足するためにこそ努力する、というものである。それは、あのアフリカの石器時代の線画、ベルンド・ハインリッチが発見した勝利の身振りに見事に表れていた。他の理由としては、古代ギリシアのオリンピック選手に与えられたオリーブオイルの壺のように、優勝したアスリートには具体的な品々が与えられるという答えもある。しかし現在は、アスリートが成功すると賞金が授与される。プロのリーグで素晴らしい契約が結ばれることや、他の世界クラスの競技会で優勝または出場すれば報奨金がもらえることなどは、選手にとって強い動機になる。これはスポーツの商品化の結果であり、スポーツがまさに売買可能なビジネス商品に様変わりした結果にほかならない。

◆スポーツの商業化

初期のボクシング界や競馬界に現れた近代的なスポーツの興行主や、少し遅れて野球、フットボール、サッカーの興行主も、人々がお金を払ってでも試合を見ることをすぐに学習した。チームのオーナーはスタジアムを建設して入場料を請求し、チームの存在を世に訴えて、優れた選手に報酬を与えることができるようになった。いっぽう、都市や国々は、経済を支え、ひいてはスポーツの商業化を支える、技術的な基盤を整備した。一九世紀にまずは鉄道や電信線が発達し、クモの巣のようなネットワークを張り巡らせた。これに続いたのが電話、映画、ラジオ、飛行機、テレビであった。このようなネットワークが発達したことにより、アスリートは都市や国家を越えて競争することが可能になり、ファンはその活動を追跡できるようになったのである。

新聞やスポーツ紙は好奇心の強い人々の手元に初めてスポーツ報道を届けた――アメリカでは一八二九年に『アメリカン・タフ・レジスター・アンド・スポーティング・マガジン』、一八三一年に『スピリット・オブ・ザ・タイムズ・アンド・ライフ・イン・ニューヨーク』、一八八三年に『スポーティング・ライフ』、一八八六年に『スポーティング・ニューズ』、イギリスでは一七九二年に『スポーティング・マガジン』、一八二一年に『スポーティング・ライフ』、一八七五年に『アスレチック・ニューズ』、一八八二年に『スコティッシュ・アスレチック・ジャーナル』、フランスでは一八五四年に『ル・スポール』が、それぞれ創刊した。主要な新聞にはスポーツの記事もところどころに掲載されていたが、ジョゼフ・ピュリッツァーが一八八二年に『ニューヨーク・ヘラルド』を買収すると、スポーツ部門を立ち上げた。スポーツに関するコラムは第一次世界大戦前に登場し、リングラードナーなどのスポーツジャーナリストが署名記事を書きはじめた。

一九二〇年代から、グラハム・マクナミーやビル・スターンといったラジオ放送のスポーツアナウンサーが、目の前でどんなことが起きているのかを言葉で表して遠くにいるファンに届けていた。興行主の収入はこのころまでおもにスタンドの観衆から得ていたが、試合の映画化によって収入を得ることもあった。例えばプロボクシング界で

アメリカ初のスポーツ専門雑誌『アメリカン・タフ・レジスター・アンド・スポーティング・マガジン』の創刊号
(*American Turf Register and Sporting Magazine*, vol. 1, 1830)

初めての興行主、ジョージ・L・〝テックス〟・リカードは、一九一〇年にジャック・ジョンソン対ジェームズ・ジェフリーズのヘビー級の試合を撮影した。しかし全国的な人種差別が一時的に高まって上映を検閲したことから、映画の収益は限定的であった。

ラジオ会社は、目の届かない市場に広く商品を宣伝したがっている企業に対して、「コマーシャル」やスポンサー権を販売すれば、利益が出ることに気づいた。興味深いことに、企業は企業で、ラジオを聴く人々がお気に入りの番組で宣伝された製品を買い求めることを発見し、アスリートも、自分たちが推薦する製品を人々が買ってくれることを知るようになった。ラジオはこうして少しずつ洗練されながら、現在までつづくスポーツと商業のつながりを形成する役割を果たしたのである。

ビル・スターンはアメリカで初めてテレビ中継されたスポーツの試合でアナウンサーを務めた——プリンストン大学とコロンビア大学が一九三九年五月にニューヨークで対戦した野球の試合である。市内にはテレビが四〇〇台ほどしか普及していなかったが、野球につづいて自転車レースとボクシングの試合を放送した。その秋には、MBSラジオがナショナル・フットボールの選手権大会とコマーシャルを放送する権利として二五〇〇ドルを支払った。順調な滑り出しとはいえなかったが、スポーツを視聴して楽しむ可能性はこうして示された。もっとも、スポーツ放送が大きく発展したのは第二次世界大戦が終結したあとだった。

一九五〇年にアメリカ人がテレビを所有していた割合は約九％であった。一九五五年の所有率は六五％で、一九六五年には九三％になった。イギリスでも同様にテレビの所有台数が劇的に増えた。一九七〇年のカラーテレビの所有率は三九％で、一九七二年には六四％になった。世界的にみると、一〇〇人あたりのテレビの所有率が一九九七年で二三・四％になった。放送局はスポーツ放送を週末の男性ファン向けに、さながらスタジアムにいる気分を味わえるように、カメラワークに工夫を凝らした。

ＡＢＣスポーツの制作責任者ルーン・アーリッジ（一九三一〜二〇〇二年）は複数の角度から映像を手に入れるために、飛行船とクレーンの上部にカメラを設置するよう指示した。さらに選手とコーチを大きく映す、クローズアップの利用。アクションの音と群衆のうなり声を拾うマイク。ファンやチアリーダーの映像。先進的な瞬時の再生映像。プレーをただ伝えるだけでなく、プレーを解説する専門家も雇った。アーリッジは「スポーツの広い世界」という番組（一九六一〜九八年）を開始し、毎回、番組の冒頭で繰り返される有名な台詞を書いた。「世界各地からお届けしましょう。つねに変わるスポーツ、勝利のスリル、敗北の苦渋、運動競技の人間ドラマを」。一九六八年にＡＢＣはオリンピックをテレビ放映した最初のネット局になった。ＡＢＣは一九七二年と一九七六年にもオリンピックを放映した。とりわけ、アーリッジはスポーツテレビを普及させ、番組に国際的な要素をもたらしたのである。

テレビはスポーツの革命的な媒体になった。番組表と広告には時間上の制約があったことから、テニスのように同点の場合に結末が見通せないスポーツは、勝者を早く決めて試合が終わるよう、簡単に決着がつくルールを作って、試合時間を抑える必要があった。大学とプロのチームは、テレビの時間枠に収まるように、スポーツの予定表、伝統、規則をかきまわした。テレビはその見返りとして莫大な対価を提供した。一九六四年にCBSはプロフットボールの放映権料として一四〇〇万ドルを支払い、一九八五年には各チームがテレビから一括して六五〇〇万ドルを受け取った。現在NFLは四つのネットワークと八年間で一七六億ドルの契約を結んでいる。NCAAは一九七七年にABCと四年間で一億二〇〇〇万ドルの契約を締結し、一九八一年にABC、CBS、ターナー・ブロードキャスティングと年間七四三〇万ドルの契約料で合意した。FIFAは、一九九〇年、一九九四年、一九九八年の三大会のワールドカップの放映権をそれぞれ七八〇〇万ドルで売却した。アメリカで一九九〇年から九四年までのテレビスポーツ契約は計三六億ドルに達し、コマーシャルに対する請求額も急騰した。一九七〇年にアーリッジとABCが「月曜夜のフットボール」を開始したとき、毎分六万五〇〇〇ドルを請求した。一九八二年には三〇秒間で一八万五〇〇〇ドルを請求した。現在、スーパーボウルの広告費は一秒あたり七万五〇〇〇ドルである。

プロ選手に支払われる報酬も同じく急騰した。大リーグの野球選手の平均年俸は一九八八年に四二万ドルであったのに、二〇〇一年には二〇〇万ドルに達した。ナショナル・フットボール・リーグの選手の平均年俸は一九九三年から二〇〇〇年のあいだに、六六万ドルから一一七万ドルに跳ね上がった。ニューイングランド・ペイトリオッツのクォーターバック、ドリュー・ブレッドソーは二〇〇〇年に年俸八五〇万ドルを受け取った。もう一人のクォーターバック、トロイ・エイクマンは、一九九七～二〇〇七年にダラスカウボーイズと八五五〇万ドルの契約を結んだ。ロサンゼルス・レイカーズのバスケットボール選手シャキール・オニールは一九九七年から二〇〇三年まで一億二〇〇〇万ドルでプレーした。おそらく最も有名な現代のサッカー選手デビッド・ベッカムは、マンチェスター・ユナイテッドから年間八八〇万ドルを受け取った。とはいえ、なんといっても豪華な契約は、野球選手アレックス・ロドリゲスが二〇〇一年から一〇年にかけて二億五二〇〇万ドルで結んだ契約であった。

アメリカで衛星中継された東京オリンピックを伝えるテレビ番組（尾上通雄・平井正一「シンコム3号衛星によるオリンピック東京大会のテレビジョン国際中継」『電波研究所季報』11(52), 1965年, 10頁）

テレビの機能も向上した。オーストラリアでは一九五六年のメルボルン大会の生放送を受信できたが、他の国では放送されなかった。ヨーロッパの視聴者は一九六〇年のローマ大会を生放送で見たが、その映像はヨーロッパから日本、アメリカ、カナダへも中継された。衛星を経由した初めての生中継は、一九六四年の東京大会で実現した。最初の通信衛星である直接放送衛星〔衛星から送信する電波を直接受信する方式〕は、一九七四年に登場した。これによって、パラボラ・アンテナで受信した信号をケーブルで配信できる地域なら、テレビ中継が可能になった。一九八〇年代には、それまでの銅線に代わり、湿気や熱気の影響を受けず劣化しにくい光ファイバーが使われるようになった。人間の髪の毛ほどに細いシリコン素材の線はいちどに数十の番組を伝えることができ、デジタル圧縮を利用すると、テレビは最大五〇〇チャンネルを受信できた。イギリスの企業は一九九一年に世界初のグローバルなデジタル光学システムを確立した。

テクノロジーの進歩は、メディア界の大物――世界を豊かな市場と見なしたテッド・ターナーやルパート・マードックなど――に好機をもたらした。ターナー（一九三八年～）は一九八〇年に国際的なニュース専門チャンネルCNNを創業すると、一九九三年までに同チャンネルを視聴できる国は、一四三カ国にまで膨れ上がった。さらに野球のアトランタ・ブレーブスを買収し、アメリカとソ連のあいだでおこなわれた国際親善大会グッドウィル・ゲームズ（一九八六～二〇〇一年）を後援した。マードック（一九三一年～）はオーストラリアにおける父親の新聞事業を基盤に、『ニューヨーク・ポスト』をはじめとするアメリカの新聞を手に入れた。つづけて一九八〇年代に二〇世紀フォックスを買収、一九九六年にフォックス・ニュースを開始、オーストラリア、ドイツ、イギリス、アメリカでもスポーツチームを買収した。マードックはアジアとヨーロッパで衛星ネットワークを築き上げた。一九九六年にBスカイB衛星放送の株主に向かって、「われわれが提供するすべての有料テレビ放送で、スポーツを〔新しい市場を開拓する〕攻城兵器や主要サービスとして利用するつもりです」と発表した。

◆ナイキと「神様」

スポーツ用品メーカーも多国籍企業になった。例えばフィリップ・ナイトとビル・ボワーマンは一九六〇年代にナイキを興し、だれもが知っているように、文字を使わず、「スウッシュ」のロゴだけを使用した。ナイトはしばしば安い労働力を追い求めて、一九七〇年代には日本、一九八〇年代には韓国、一九九〇年代には東南アジアの下請業者に頼って商品を製造した。そんな労働戦略に対する批判もあったが――韓国なら五・六ドル、アメリカなら七〇ドルで売れる靴を作るために、韓国の少女は一時間あたり一五セントで働いた――ナイキはただ肩をすくめて、それまで存在しなかった仕事を新しく創り出しただけだと語った。ナイキはリーボック、アディダス、コンバースとともに、選手やチームに自社製品を競って提供し合い、販売を促進した。ナイキは多国籍企業に成長し、商品のほとんどを海外で製造し、売上の半分以上を海外市場で稼ぐようになった。スポーツ用品の世界市場で同社が約三分の一を占めるようになった一九九〇年代半ば、ナイトはこう宣言した。「スポーツは世界の有力なエンターテイメントになった」。

ナイキは他社と同様にスポーツ界のスーパースターを起用して製品を宣伝した。その最も重要な営業マンこそ、マイケル・ジョーダン（一九六三年〜）であった。ジョーダンはブルックリン出身で、シカゴ・ブルズでプロバスケットボールを一三シーズンにわたりプレーし、のちにワシントン・ウィザーズの選手兼オーナーになった。一九九二年のバルセロナ・オリンピックで金メダルを獲得した

「ドリームチーム」のメンバーに入るなど、一般に史上最高のバスケットボール選手の一人に数えられている。しかも勤勉で、物議を醸すこともなく、ハンサムで、好感が持て、模範的な人物であり、こうしたことから広告には申し分のない人物であった。ジョーダンはブルズで年間三〇〇〇万ドルを稼ぎ、さらに宣伝費としてその二倍を稼いだ。ジョーダンはシボレー、マクドナルド、コカ・コーラ、ジョンソンプロダクツ、ナイキを体現した。バスケットシューズのナイキエアジョーダンは世界でいちばん多くの収益を上げたスポーツシューズになった。

スポンサーが喜んだことに、ジョーダンは余計な振る舞いをしなかった。ジョーダンは政治的な発言を慎み、麻薬に手を出さず、アジアにおけるナイキの労働論争からも距離を置こうとした。バルセロナ大会でリーボックのウェアを着なければならなかったとき、ジョーダンは表彰台にいるあいだ、ウェアのロゴの上にアメリカの国旗をさりげなく掛けた。一九九七年パリでおこなわれた公開試合のさい、記者はジョーダンに神様かどうかを尋ねた。スーパースターは殊勝にも「私はバスケットボールの試合をします。それで人々をたっぷり二時間楽しませてから、元の生活に戻れるようにします……自分が神様だなんて考えられない」と答えた。ジョーダンはかくして新しいグローバルなスポーツ資本主義のお手本となった。彼は偉大なバスケットボール選手であったばかりではなく、スポンサーの広告を通じて拡散される、一つのスポーツ商品でもあったのだ。

◆オリンピックと商業化

スポーツのグローバルな商業化に関して興味深い例といえば、オリンピック大会と五輪のロゴである。クーベルタン男爵はロゴ、つまり青、黒、赤、黄、緑の五色のリングが連なったマークを描いて、一九一三年に自分の文房具に使いはじめた。一九一四年におこなわれた会議で、このマークをあしらったオリンピック旗を初めて使用した。コカ・コーラが参入したのは、一九二八年に計画的な食事を提供したときにさかのぼる。ＩＯＣは商業主義を望んだわけではなかったが、財源が必要だった。ロサンゼルスの製パン業者ポール・ヘルムズは、一九三二年のロサンゼルス大会のためにパンを提供したが、彼は愛国心からオリンピックの名称の法的権利〔ヘルムズはＵＳＯＣよりも先にオリンピックのモットーと五輪マークの知的所有権を取得していた〕をＵＳＯＣに請求することを放棄した。一九五〇年にアメリカ議会はＵＳＯＣを法人化し、オリンピックの名称、モットー、ロゴを管理する権限を与えた。資金不足のＵＳＯＣがオリンピックの名声の商業的価値を探りはじめたのは、このときからであった。

一九五〇年代初頭にエイブリー・ブランデージがＩＯＣの会長に就任すると、テレビが財源になるのではないかと思いつき、同僚たちと検討しはじめた。彼の提案は、ＩＯＣがテレビの契約を管理したうえで、資金を現地の団体やスポーツ連盟と分かち合うというものだった。一九六六年にブランデージは最終的にテレビの収益の三分の一をＩＯＣに分配し、残りの三分の二を大会主催国の組織委員会にまわすという合意をとりつけた。以前のＩＯＣにはまったく収入がなかった――富裕な紳士がＩ

ＯＣを運営し、ブランデージ自身も必要な経費を自弁していたのである。テレビの契約の交渉や資金を欲していたのは各国の委員会であったことから、この新しい合意は対立と摩擦を招くパンドラの箱を開けることになった。一九七七年にＩＯＣは交渉に参加することを主張し、オリンピックの名称を商業的に利用することを認可した。公認グッズの売り上げから得られる収益の三〇％を手に入れるためである。

しかし一九八四年のロサンゼルス大会の開催にあたり危機に直面した。一九七六年のモントリオール大会の費用は約二〇億ドルであり、市と州は多額の負債で苦しんでいた。モスクワ大会はボイコットに見舞われ、こんどはロサンゼルスの番であった。モントリオールが金融惨事に見舞われたせいで、他の都市はどこも入札に参加しなかった。不安を抱えたロサンゼルスの人々が急いで憲章を改正し、大会に公費を充てられないようにした。

その結果、ロサンゼルス・オリンピック組織委員会（ＬＡＯＯＣ）の会長ピーター・ユベロスは、民間資金に頼らざるをえなくなった。ユベロスはＩＯＣを無視して、アメリカ、ヨーロッパ、オーストラリア、アジアで、みずから交渉して計二億八六〇〇万ドルのテレビの契約を結んだ。商品の重複がないようにスポンサーを制限し、最低でも四〇〇万ドルの寄付金を求めた。コダックは弱気になったので、富士フイルムにスポンサーになる権利を与えると、同社はたちまちアメリカ市場でシェアを三％から九％に伸ばした。ユベロスは若者の慈善団体のために聖火リレーの数キロメートル分を販売した。彼は大会のために既存の施設を可能なかぎり活用し、入国した選手を大学の寮に宿泊させた。

ユベロスは一九三二年のロサンゼルス大会で余った段ボール箱からスタートしながらも、二億一五〇〇万ドルの利益を上げた。「だから初めから言ったんだ、悲観論者の言うことなんてばかばかしいと」。ユベロスはそう言ったあと、つづけてこう述べた。

オリンピックは公共部門と民間部門が相乗りできる最適の「乗り物」なんだ。理想的な要素もすべてそろっている。若者、健全な競争、伝統、ドラマ、世界中の視聴者といった要素がね。民間企業が自らの能力を高め、人類の望ましい姿を映し出す好機だったんだ。

IOCが手にしたのはいつもより若干少ない金額だったが、「民営オリンピック」は他の都市に対しても将来のオリンピック開催地に立候補したいと思わせる、自国優先的なアメリカらしい成功であったといえる。

IOCはスポーツ・ビジネスを継続し、一九八五年の「ザ・オリンピック・パートナー・プログラム」（TOP）の下で、ホスト都市でロゴを三％の手数料で売り込みはじめたが、のちに五％に引き上げた。その結果、五輪のマークはナイキの「スウッシュ」と並んで、世界で最も広く知られる非言語記号になった。IOCはNBCに対して、二〇〇四年夏季、二〇〇六年冬季、二〇〇八年夏季の三大会の放映権料を一括して二三億ドルで締結した。USOCは契約料のうち一二・七五％を取得した。とはいえ、すべてが楽しみや利益とは限らなかった。

オリンピックの関係者はスポンサーに関わるビジネスを守ろうとして薬物の使用を隠蔽していると非難された。二〇〇二年のソルトレークシティ冬季大会では、ＩＯＣは開催候補地の投票に絡んだ収賄などのスキャンダルに耐えねばならなかった。悪質な一例はカメルーンの代表者である。彼はオリンピックの候補地を選ぶ投票で、ソルトレークシティに票を入れるかわりに、自分の娘のために大学の奨学金を約束させたのである。このスキャンダルはＩＯＣのメンバー四人の辞任、六人の除名、一〇人の警告に発展した。地元のソルトレーク市長らは起訴を免れたが、いまやＩＯＣは立候補都市の気前の良さに甘えることができず、自費で視察チームを派遣しなければならなくなった。カナダの作家ロバート・Ｋ・バーニー、スティーブン・Ｒ・ウェン、スコット・Ｇ・マーティンは『五輪を売る』（二〇〇二年）の中で、オリンピックの商業化に関する議論の結びとして、こう問いかけている。

「いったい誰のためのオリンピックなのか？」

テレビの放映権料を利用できるようになったＩＯＣが国境のない国際的なビジネス組織に発展したことは、さして驚くことではなかった。それを禁止する法律は世界のどこの国にもなかったからである。クーベルタンとオリンピック運動の創始者たちは金銭に絡む腐敗の影響を懸念していたからこそ、アマチュアリズムを大切に抱きしめていた。しかしアマチュアリズムの理想がなくなり、ＩＯＣは裕福になった。いまではビジネスという動機があり、スポーツ活動の商業化を通じて、みずからの生き残りを図っている。

エドモントン・オイラーズ・ホッケーチームのオーナー、ピーター・ポックリントンは、現代のスポーツ界におけるこうしたビジネスの進化についてうまく表現したことがあった。一九八八年、ポックリントンは地元のファンの怒りに目もくれず、カナダ随一の偉大な選手ウエイン・グレツキーをロサンゼルス・キングズに売り渡した。グレツキーの契約は四年で終わるが、そのときに再契約してもオイラーズにとって何の価値もない。彼はそう説明した。価値が見込めるうちにグレツキーを売りさばいたというわけだ。オーナーにとって合理的な決定ではあった。「スポーツがスポーツたるには、あまりにもビジネスになりすぎた」。ポックリントンはそう忠告した。

◆スポーツ施設

オリンピックは四年ごとに開催地を移動する。そのため開催都市にとっては、商業化を促す、高性能の施設を新設する好機になった。例えば水泳プールは側溝を備えて波を吸収し、より深く、より広くなり、コースロープを張って、競技に適した滑らかな水面を維持できるようになった。飛び込み台は十分な高さがあり、安全のためにプールを深くし、選手がひねりや回転を加えても透明な水面を視認できるように、プールには水面を波立たせる泡立て装置が付けられた。土質のトラックやシンダー舗装のトラックは一九六〇年代にゴム製の合成トラックに替わりはじめ、アメリカのスキー場では、人工降雪機の普及の波が一九六一年に初めて訪れた。

以上は、自然環境の影響を少しでも和らげようとしてきた長年の取り組みの一端にすぎない。もちろん、選手のために施設を改善することはとくに目新しい発想ではない。一九世紀以来、野球場、クリケット場、サッカーコート、アメリカンフットボールのフィールド、ゴルフコースが、ローラーでならされ、刈り込まれ、手入れされてきた。しかし一九六五年にアストロドームが開業して、テクノロジーが自然を完全に制御できる例を示したとき、いよいよ限界に達したのである。一部の純粋主義者には望まざる栄冠であったが、それはスタジアムの概念に対する果敢な挑戦であり、観客も選手も都市もその出現を忘れることができなかった。それはまた、富裕な社会以外には保有する余裕のない、スタジアムの贅沢さを反映するものだった。

紀元七九年以来、スタジアムのモデルといえば、古代ローマのコロセウムであった——屋根がなく、幾重にも層になった大規模な座席を備え、運動競技用に融通の利く空間があった。一九六五年まで多くのスタジアムはこの形式を踏襲してきたが、違う視点からそれに目を付けたのは、テキサス州ヒューストンの大富豪の裁判官であった。ロイ・M・ホフハインズは観光でローマを訪れたとき、コロセウムの歴史を聞きながら、ある逸話に気を留めた。ローマの技術者はスタジアムを冷やそうとして、噴水で冷気を送ったり、最低でも空間の上部の途中まで達する、大きな日除けを作ろうとしていたというのである。

ホフハインズと富裕な投資家グループは一九六〇年に大リーグの球団所有権を買収し、新スタジアムを建設することを約束した。ヒューストンの夏はうだるような暑さで、温度も高く、湿気も多かった。息苦しい気候は夜中でも和らぐことがなく、周囲の沿岸部からは蚊の大群が無尽蔵にやってきた。ホフハインズは「ローマ人がスタジアムに蓋をすることができたというなら、われわれにだってできる」と考えて、野球場をすっぽりと覆うことができる、空調された大きなスタジアムの建設計画を提案した。

ホフハインズは技術者に相談した。技術者は、やってやれないことはないが、まだ実現した試しはない、と答えた。設計会社が模型を設計するいっぽうで、ホフハインズはヒューストンの実業家と地域の有権者にこのアイデアを売り込みはじめた。地域の有権者はこのプロジェクトに必要な資金を調達する公債に賛成した。野球チーム、ヒューストン・アストロズの本拠地はかつて都心にあったが、そこから離れた場所でアストロドームを建設し、四五〇〇万ドルの費用をかけて、一九六五年に開業した。屋根はゆるやかな球状で、地上から二一八フィート〔約六六メートル〕の高さにあり、水平面の直径は六四二フィート〔約一九六メートル〕であった。屋根は黒い鋼鉄でできた格子状の梁によって支えられ、その隙間には採光のための天窓がびっしりとしつらえられていた。大きな空間の中には、視界を遮らないよう配置された、六色のクッション付きシートが階段状に設けられ、全シートが二塁を向くようになっていた。最上階には、大人数のグループでも楽しめるよう、テレビ、ラウンジチェア、

開業を控えたアストロドーム（*Sports Illustrated*, April 12, 1965, p. 44）

私用キッチンを備えた、青いスカイボックスが円環状に設けられていた。屋内の温度は約二二度に保たれて、ファンのタバコの煙も強力な空調システムによってたちどころに排出できた。

とりわけ印象的だったのは、おそらく長さ四七四フィート〔約一四四メートル〕に及ぶスコアボードであった。コマーシャルを流し、歓声を誘い、スコアを記録できた。アストロズの選手がホームランを打つと、スコアボードでロケットを発射し、ホイッスルを吹いた。なかでも、カウボーイが銃を撃ち、弾丸がスコアボードの片側から他方に跳ね返る映像が、特徴的であった。アストロドームは野球なら四万五〇〇〇人、アメリカンフットボールなら五万二〇〇〇人のファンを収容できたが、その他のさまざまなスポーツや大きな会議、サーカス、展示会なども開催できる、多目的スタジアムであった。

柿落としの前日、アストロズの選手がデザインにひどい欠陥があることを発見した。ドームの天窓から太陽の光が降り注ぎ、野手は眩しい逆光の中を山なりに飛ぶボールを追うことができず、近くにボールが落ちるときに備えて、ヘルメットをかぶって頭を守る必要があった。混乱は数日ほど続いたが、天窓に塗料を塗ってひとまず問題が解決した。ところが、そのあと芝生が枯れ出し、アストロドームは屋内の「黄塵地帯〔アメリカで砂嵐が舞う地域のこと〕」になるのではないかと心配された。しかしホフハインツは、ケムストランド社が開発した、のちに「アストロターフ」として知られる実験用の人工芝のカーペットを巧みに敷き詰めたのである。

アストロターフは屋外スポーツ用に作られた最初の人工芝で、維持費が安く、のちに屋内外のスポーツで使用されるようになった。しかし擦り傷や負傷に関する苦情が増えたことから、競合する他の製品が現れた。生草と合成草を組み合わせたものや、織り方を工夫した合成繊維と、芝の下に敷くパッドをさまざまに組み合わせたものなどが使われるようになった。現在アストロドームは閉鎖され、市はその隣に格納式の屋根を備えた、巨大なリライアントスタジアム〔リライアントは命名権を取得した会社名〕を建設した。とはいえ、最初にエアコン、快適な座席、スカイボックス、巨大なスコアボード、競技用の人工芝を世に提案したのは、アストロドームにほかならない。このスタジアムは環境を完全に制御し、風もなく、雨もなく、泥もなく、気をそらす日光もなく、地面の凹凸もない、「純粋な野球」を提供した。その後、他の都市でも独自のアストロドームの変型版が建設された――ニューオーリンズ、シアトル、インディアナポリス、ポンティアック、セントピーターズバーグ、サンアントニオである。

気象の変化が失われたことに対して不満を抱く評論家もいた。一九九〇年代になって古いスタジアムに対する郷愁の波が訪れると、一つの妥協が図られた。スライド式の屋根を備えて、天気が悪いときにだけ閉鎖できる、現代的なスタジアム――ヒューストン、フェニックス、トロント、シアトル、ミルウォーキー――が建設されたのである。しかし今のところ、おそらく最も革新的なスタジアムは、オランダのアーネムにある、ヘルレドームである。この二万六〇〇〇人収容のスタジアムには開閉式の屋根があり、屋根に設置されたソーラーパネルから暖房や空調に必要なエネルギーが供給され、しかもサッカーコートは巨大なコンクリートの基礎の上に造られて滑走式になっていた。コートを使用しないときにはコートごとスタジアムの外に移動できるので、全面に日光を当てて芝生をすくすくと養生することができた。これで、芝生が十分に育たないという、開閉式屋根スタジアムの欠点を解決できたとともに、コンサートや展示会のために大きな会場が利用できるようになったのである。

新しいスタジアムに対する批判はテクノロジーの領域を超えて、商業や社会の領域にまで広がった。二〇世紀に入ったころ、スタジアムの立地は、ファンが無理なく通える範囲内に限られていたが、アストロドームの建設後は郊外の高速道路網の近くに移るようになった。その結果、チームに対するコミュニティの多様な感情がどんどん失われるようになった。例えばスポーツライターのジョン・アイゼンバーグは、こんなふうに嘆いている。

（ダラスの）コットンボウルでは、カウボーイズは男性労働者のチームであった。試合がある日曜日になると、ファンは陽気に騒ぎ、感情を吐き出し、行儀も多少は悪かった。（ダラスとフォートワース間に位置するアービングに）テキサス・スタジアムが移ると、そこはもう社交クラブの展示品であるかのように、彼らは威厳のある振る舞い方を見せるようになった。ホームゲームはもはや感情の流出ではない。社交の機会なのだ。

球団の移動や選手の売買のほか、公費でスタジアムを新設しなければチームを別の場所へ連れていくと脅すような行為は、地元の愛着心をいちだんと傷つけた。オイラーズのフットボールチームからそんな脅迫を受けていたヒューストンのボブ・ラニエ市長は、「富裕層のために豪華な特別室を設けて、それで裕福なオーナーを支援し、裕福な選手に報酬を与えられるよう、一般の人たちに頼ることが、はたして許されるのか」と疑問をぶつけた。新しいスタジアムが都市の経済に役立つという証拠はほとんどない。価値があるとすれば、精神的なものだろう。住民が自分たちの町をどう思っているのかということのほかに、人々が「我が」チームを応援することから得られる喜びとが――どちらも測定不可能な要素だが――、スタジアムとスポーツ活動を支援するうえでなによりも重要だったのだ。スポーツのために市民がみずから負担することに同意する基本的な理由はまさにそこにあったのであり、ヒューストンの人々は最終的に新しい野球場とフットボールスタジアムのために税を納めたのである。

◆スポーツと未来

プロスポーツはみずからの生き残りをかけて、またアスリートに報酬を与えるためにも、情に流されず、いつも事務的な態度に徹していなければならなかった。とはいえ、母国から顕彰されるチャンピオンとともに、かつてはスポーツを愛するスポーツの要塞であったＩＯＣでさえも、いまや利益を求める運営に終始している。なるほど、これは古代オリンピックのときから大きく変わるものではない。当時の選手はプロの専門家となって都市国家から報酬をもらっていたからである。だが、この状況に競技力を高める薬物文化の蔓延が新たに加わって、平等な条件下で競争するという、現代のスポーツの理想が打ち砕かれている。地方の高校のフルバックや陸上競技の有名な選手がヒト成長ホルモンを摂取しているかどうか、いったいだれにわかるというのだろう。薬物の利用はあらゆるスポーツに期待されている、結果の不確実性を損ないはしていまいか。アスレチックモンスターをいまにも生み出しかねない、ヒトの遺伝子工学という、差し迫った脅威についてはどう考えるのか。これから先も記録には意味があるのだろうか。これはポストモダン・スポーツの姿なのか。だれも注意を向けないのだろうか。

とはいえ、「きれいな」アスリートも大勢いるし、公正な試合を望んでいる人も数多くいる。IOCや数々の競技団体も薬物文化に反対する姿勢を明確に示している。おそらく関係者は追いつ追われつのゲームに勝つだろう。国際レベルであれ地方レベルであれ、人間の限界を真に測りうるのはアスリートの自然な高い能力でありつづけるであろう。加えて、いまや消え入りそうなスポーツマンシップもいまなお持ちこたえている。例えば二〇〇〇年にもこんなことがあった。オリンピックのテコンドーの選考会で、ランキング一位のアメリカ人女性ケイ・ポーが予選で膝を脱臼した。オリンピック出場権をかけた最後の試合で、ポーはやっと片足だけで立っている状態だった。試合では、ランキング二位の戦士であり友人でもあるエスター・キムが、開始早々に相手に頭を下げて試合を放棄した。キムは「このとき生まれて初めて、真のチャンピオンになった気がした」と語った。このような自己犠牲の公正さを表す瞬間をあえて見るまでもなく、ロジャー・バニスターが若いころ浜辺を一人で走ったときのように、人はだれでも生まれながらに内在する運動の「純粋な喜び」を持ちつづけるだろう。そこにはグローバルスポーツや、あらゆるスポーツに対する、希望がある。

さらに読み進む人のために

Michael Bamberger and Don Yeager, "Over the Edge," *Sports Illustrated,* vol. 86 (April 14, 1997), pp. 62–70.

Robert K. Barney, Stephen R. Wenn, and Scott G. Martyn, *Selling the Five Rings* (Salt Lake City: University of Utah Press, 2002).

Susan Brownell, *Training the Body for China* (Chicago: University of Chicago, 1995).

John Eisenberg in Brad Schultz, "A Geographical Study of the American Ballpark," *International Journal of the History of Sport,* vol. 20 (March 2003), pp. 127–142.

Allen Guttmann, *Women's Sports* (New York: Columbia, 1991).

Christopher R. Hill, *Olympic Politics* (Manchester: Manchester University Press, 1992).

Dave Kindred, "A shot in the arm baseball didn't need," *Sporting News,* vol. 227 (November 24, 2003), p. 68.

Raymond Krise and Bill Squires, *Fast Tracks: the History of Distance Running* (Brattleboro, Vermont: Stephen Greene Press, 1982).

Walter LaFeber, *Michael Jordan and the New Global Capitalism* (New York: Norton, 2001).

Jim Riordan, "The Rise, Fall and Rebirth of Sporting Women in Russia and the USSR," *Journal of Sport History,* vol. 18 (Spring 1991), pp. 183–199.

Randy Roberts and James S. Olson, *Winning is the Only Thing* (Baltimore, Maryland: Johns Hopkins, 1989).

Paul D. Staudohar and James A. Mangan, *The Business of Professional Sports* (Urbana, Illinois: University of Illinois, 1991).

E. M. Swift and Don Yeager, "Unnatural Selection," *Sports Illustrated,* vol. 94 (May 14, 2001), pp. 88-94.

Terry Todd, "Anabolic Steroids: The Gremlins of Sport," *Journal of Sport History,* vol. 14 (Spring 1987), pp. 87-107.

Peter Ueberroth in Christopher R. Hill, *Olympic Politics* (Manchester: Manchester University Press, 1992), p. 161.

Steven Ungerleider, *Faust's Gold* (New York: St Martins, 2001).

Hans Westerbeek and Aaron Smith, *Sport Business in the Global Marketplace* (New York: Palgrave, 2003).

Wayne Wilson and Edward Derse (eds.), *Doping in Elite Sports* (Champaign, Illinois: Human Kinetics, 2001).

訳者解説

この本の序章の書き出しを読みながら、ふと学生のころを思い出した。イギリス史を専門とする川島昭夫という先生が、「一九世紀イギリス都市と「合理的娯楽」」（中村賢二郎編『都市の社会史』ミネルヴァ書房、一九八三年、所収）という論文を書かれたことがあった。その際にP・C・マッキントッシュの『近代イギリス体育史』（加藤橘夫ほか訳、ベースボール・マガジン社、一九六〇年）という本から一文を引用したところ、その論文を読んだ年長の先生から「ベースボール・マガジン社の本を引用したのは、君が初めてではないか」と言われたそうである。もちろん嫌味で。

かつて歴史学界では、スポーツが歴史研究のテーマになるどころか、スポーツ関係の文献を引用することさえもためらわれる雰囲気が、澎湃として行きわたっていたということだ。

それから三〇年余り。学界の状況も少しずつ変わった。スポーツが歴史研究のテーマに取り上げられることも珍しくなくなった。もちろんスポーツが他のテーマを押しのけて歴史研究のメインテーマに躍り出たというわけではないが、若い研究者のあいだでは、スポーツを主題とすることに対して抵抗感が薄れてきたように思われる。それは、社会史や文化史の隆盛という、歴史学の内在的な動きに一因があったことは確かだとしても、現代世界がそれだけスポーツの影響下にあることの証左でもあるだろう。だとしたら、本書はまさにそんな「世界」の産物にほかならない。

本書の著者デイビッド・G・マコームも同じく、大学で歴史学を講じながら、スポーツ史にも研究の対象を広げた一人である。マコームは南メソジスト大学を卒業後、ライス大学で修士号、スタンフォード大学でＭＢＡ、テキサス大学オースティン校で博士号を取得した。コロラド州立大学の歴史学の教授として教鞭をとり、二〇〇二年に退職して、名誉教授の称号を授与される。大学ではアメリカ史、世界史、スポーツ史、技術史を担当。その間、テキサス大学オーラルヒストリー・プロジェクトの特別研究員、テキサス州歴史協会のフェローなどを歴任した。いっぽうで、中学生のころから大学院の修士課程まで、同年齢層の水泳大会に参加しており、選手としても観戦者としてもスポーツへの関心を持ちつづけたという。

マコームには本書以外の著書として以下のようなものがある。

〈単　著〉

Houston: the Bayou City, University of Texas, 1969（テキサス州歴史協会のタリス賞を受賞）

Big Thompson: Profile of a Natural Disaster, Pruett Publication Co., 1980

Galveston: A History, University of Texas Press, 1986（テキサス州歴史委員会の図書賞を受賞）

Texas: A Modern History, University of Texas Press, 1989

Texas: An Illustrated History, Oxford University Press, 1995

Sports: An Illustrated History, Oxford University Press, 1998

Travels with Joe: The Life Story of a Historian from Texas, 1917–1993, Texas State Historical Association, 2001

Spare Time in Texas: Recreation and History in the Lone Star State, University of Texas Press, 2008

The City in Texas: A History, University of Texas Press, 2015

〈共　著〉

The Historic Seacoast of Texas, University of Texas Press, 1999

Colorado: A History of the Centennial State, University Press of Colorado, 2013

マコームの研究の足場は、ご覧のようにテキサス州ないしコロラド州の地方史にある。本書の中でヒューストンのアストロドームについて紙数を多く費やしているのは、彼の郷土愛の表れといえるだろう。

本書の特色を一言でいえば、逸話やエピソードにあふれた読んで楽しいスポーツ史ということになる。すでに『図説スポーツ史』（一九九八年）を世に問うていることもあり、近代スポーツを扱う第2章以下の筆致はとくに滑らかで、多様な話題が手ぎわよくまとめられている。スポーツの歴史を世界的な視野で描くとしたら、こんなふうになるという一例であろう。

本書の特長として、二〇世紀のスポーツ史がしっかりと描かれている点をあげることができる。通常のこの手の作品では、二〇世紀、ことに第二次世界大戦以降については、それまでの時代と比べて、途端に内容が粗くなったり事実の羅列になったりしがちである。あるいは自国中心の話題で結ばれたりする。その点、本書は二〇世紀以降についても一九世紀までと同じトーンで叙述されており、読者をスポーツの現在地まで確実に導いてくれる。二〇世紀後半は冷戦の時代であったが、一方の当事国であるアメリカ側からみると、世界のスポーツ界はどのように見えたのか。本書をそんな視点から読み解くこともできるだろう。ひと昔前には描くことが難しかった「二〇世紀のスポーツ史」が、いまや曲がりなりにも対象化して全体像を描写できるまでになったのである。

むろん、現代世界のおもなスポーツといえば、サッカー、バスケットボール、野球など、ほとんどが西洋に起源をもつスポーツばかりである。そのため本書の叙述がどうしても西洋に偏っているように見えるかもしれない。しかし歴史の本流に焦点を当てて、支流を削ぎ落とした分、全体的な見通しについては見やすくなっているはずである。それでいて変化に乏しい平板な叙述に流れているわけでもない。近代スポーツが非ヨーロッパ世界に広がる過程で生じた数々の軋轢や葛藤についても積極的に言及しているからである。しかもドーピング、ジェンダー、人種と民族、暴力、商業化といった、現代のスポーツ界が抱える諸問題にも多くの紙数を充てており、本書の叙述に深い陰影を与えている。著者はドーピングに対して一貫して批判的であるが、一刀両断に切り捨てるのではなく、薬物文化が広がる過程を冷静に描き出している。テニスの大坂なおみ選手が二〇二〇年の全米オープンで、人種差別に抗議する黒いマスクを着用したことは記憶に新しいが、アメリカ社会において人種差別の問題がいかに根深いものであるかを、本書からも窺知できよう。

二〇世紀におけるスポーツの歴史は、スポーツのグローバル化の過程であった。この過程を文化帝国主義とみる立場もある。本書でも、西洋人が現地の人々の意に反して、スポーツを無理強いした事例を紹介しているが、いっぽうで現地人が進んでスポーツを受け入れた事例があったことも強調する。このバランス感覚は、本書の叙述の幅を広げることに貢献している。といっても、本書がある種の進歩史観によって支えられていることも事実である。近代のスポーツは、ルール、用器具、試合時間などを統一化しながら、万民に公正な競争の機会をつくり出した。これは「だれもが平等である」という期待を伴うものだった。その結果、スポーツの均質化が進んだが、これは悲嘆すべきものではなく、人類共通の未来を切り開く希望であったとする。かつては崇められたアマチュアリズムにしても、スポーツの発展を妨げた有害な理念とし、いっぽうでプロフェッショナリズムは人々の自然な欲求の帰結であり、スポーツの繁栄や高度化を支えた有益なものだったと考える。このあたりは立場によって評価が分かれるところだろう。

ただし第1章は他の章と比べて異質である。人はなぜアスリートになるのか。この問いに対して、マコームはこう答える。人には運動への「衝動」が備わり、それを使いつづけなければ生きていけないし、また自らの優越性を示すこともできないからだ、と。この「運動の必然性」に一定の輪郭と形態を与えて、スポーツというものを造形する労働、戦争、宗教などの「二次的な影響」が現れた。かくしてスポーツは「運動の必然性」と「二次的な影響」が絡み合って誕生した。この見立てを例証するために、時代や空間を自在に行き来しながら、面白そうな逸話やエピソードを次々に引いてくる。さながらシンフォニーのように巧みに編まれた章が、第1章である。

このような企てに対して、実証的な裏付けがないとか、本質主義に陥っているとかと批判してみても生産的でないだろう。これは一つの思考実験であり、私たちもこの実験に参加して楽しめばよい。欲をいえば、国際スポーツ界の組織化に果たしたフランスの役割についても着目してほしかった。この点をここで補足しておきたい。

一八六〇年にイギリスでゴルフの「オープン選手権」が誕生した。これが選手権(チャンピオンシップ)の名を冠したスポーツ界初の大会だった。これは原則として腕に自信があればどこの国からでも参加できる大会であり、音楽界や美術界で行われている「コンクール」と同じような仕組みであった。ゴルフやテニスでは「全英オープン」や「全米オープン」といった国際大会がいまなおおこなわれている。そして各国で開催される選手権を「ツアー」するのである。ところが他のスポーツでは必ずしも「ツアー」という発想はない。世界の頂(いただき)をはじめから一つにした「世界」選手権の開催を志向するからだ。真の世界選手権はエントリーの段階から、参加する選手やチームを世界じゅうに押し広げようとする。それゆえスポーツそれ自体も、世界の隅々まで普及させようともする。世界各国から有力な選手がいちどにエントリーしてこそ、「真の世界チャンピオン」を決定できるからだ。この世界選手権の創設を強力に推し進めたのは、じつはイギリスではなかった。フランスである。

一つの競技にたった一つの国際統轄団体しか認めないという「普遍的なモデル」も、フランス人の手によって徹底された。国際統轄団体とは、形式のうえでは加盟国を互いに対等と見なすことによって成立する仕組みである。これはイギリス人には思い付かないアイデアだった。イギリス人にはスポーツの母国としての威信や誇りがあり、わざわざそれを手放してまで他国と対等になるという発想がなかったからである。本書でも触れているように、フランスのロベール・ゲランがイギリスのサッカー関係者に国際連盟の創設を呼びかけたところ、「見下ろすような態度」で断られたのは、まさにそうした事情による。

このような世界選手権と国際統轄団体の創設を明確な使命としたのは、フランスの全国スポーツ委員会（NSC）であった。NSCは国際スポーツ界を自らの手で組織化することによって、フランスが偉大な国家であることを証明しようとしたのである。フランス政府もNSCを公益法人として認可し、その活動を後押しした。これには、アングロサクソンの勢力を削ぐとともに、隣国ドイツを牽制する意味合いもあったといわれる。オリンピックもフランス人の手によって生まれたが、「世界」の平和を理念としていたこともあり、創設当初から、五大陸つまり地球全体を俯瞰するような大会が目指された（その意図せざる結果として、いちどに多数の競技で「世界一」を決する稀有の大会へと発展してゆく）。つまりスポーツが、とりわけ近代スポーツの多くが、音楽や芸術などの他の文化と異なる発展の道筋を辿ることになったのは、地球全体を隈なく呑み込んで一元的に組織化しようとする駆動力をみずからの意思で築き上げたことに一因がある。国際統轄団体や世界選手権の設置を長らく認めず、オリンピックに参加する意思もなかった（つまりフランス的な普遍主義から背を向けた）クリケットは、だからこそイギリス帝国の影響が及ぶ範囲を超えて広がろうとする強いドライブが働かなかったのである。

このような世界の一元的な組織化は、競合する他の組織が存在しないということであり、経済的な観点からみれば一種のトラストにほかならない。ひと昔前のアマチュアの時代ならいざ知らず、いまや利益の追求という欲望を包み隠さなくなったというのに、スポーツの国際市場では競技ごとに組織の独占体制が常態化している。このような独占体制は世界の一元的な組織化の帰結であるが、商業活動を推進するには都合がいい。

国際オリンピック委員会（ＩＯＣ）も同じである。みずからは競合する相手がいないので、スポンサー権や放映権を優位な立場で販売できるし、オリンピックの招致をめぐって複数の都市に競わせることもできる。最終的に締結される開催都市契約にしても競争性のない随意契約であり、たとえ一部の識者から「不平等条約」と批判されたところで、ＩＯＣの居丈高な姿勢が易々と変わるはずもない。オリンピックを開催するうまみがなくなって「買い手市場」になるか、さもなければたった二週間ほどの間に三〇〇を超える種目で「世界一」（資本主義社会では希少性は価値をもつ）を決する仕組みをあえて解体して、複数のＩＯＣでも現れないかぎり、この独占体制はさしあたり安泰である。

それにしても楽観的な進歩史観を許さない災禍や戦禍がつづいている。新型コロナウイルスの流行は世界じゅうのスポーツ活動をことごとく中止か延期に追い込んだが、その流行もようやく収束の方向に向かい始めたのかと思ったら、こんどはロシアによるウクライナへの軍事侵攻である。侵攻後二週間も経たないうちに、日本を含む三七カ国のスポーツ大臣等が、ロシアとベラルーシを国際スポーツ界から追放するよう呼びかける声明文に署名した。過去にロシアの大統領から友好勲章を授与されていた国際サッカー連盟（ＦＩＦＡ）の会長も、国際試合からロシアを締め出すことに同意した。ＦＩＦＡは、かつては試合中に「ガザへの共感」を示した選手に対して警告を与えたものだが、いまは「ウクライナとの連帯」を示す世界じゅうの選手に賛辞を送っている。いっぽうで、イエメン、リビア、エチオピア、パレスチナ、シリアなどの人々は各国の対応の素早さに驚き、「国際社会」とやらの変わらない二重基準を見せつけられて落胆している。当のロシアは、まるで冷戦時代に逆戻りするかのように、中国と共催して独自の国際大会の創設に着手すると発表した（二〇二二年三月）。今後の推移はだれにも見通せないにしても、（本書の著者もいうように）「ものごとを後からでないと説明できない歴史家」にとってはなおさら、災禍も戦禍も当面は注視することくらいしかできなくて、もどかしい思いが募るばかりだ。

翻訳は、はじめに、序章、第1章、第2章、第4章を中房が、第3章をウエインがまず訳出し、その後相互に訳文を確認しあった。そのあと監修の南塚信吾先生による訳文の点検を経て、改めてウエインと中房が、誤訳の指摘や助言のあった箇所を中心に、訳文全体を見直した。最終的に中房が日本語の表現を均したとはいえ、この訳書は文字通り三者の共同作業により完成した。原書の明らかな誤りは〔　〕で括った訳注で指摘したが、断らずに訂正した箇所もある。

最後に、この翻訳の機会をつくってくださった一橋大学の坂上康博先生と、編集等の過程で多々お世話になったミネルヴァ書房の岡崎麻優子さんにお礼を申し上げたい。

中房敏朗

二〇二三年二月

索　引

（＊は人名）

あ　行

か 行

さ　行

た　行

ま　行

や　行

ら　行

わ 行

欧 文

《訳者紹介》

中房敏朗（なかふさ・としろう）

1962年　生まれ。
1988年　奈良教育大学大学院教育学研究科修士課程修了。
現　在　大阪体育大学体育学部教授。
主　著　『東京オリンピック1964の遺産』（共著）青弓社，2021年。
『スポーツの世界史』（共編著）一色出版，2018年。
「スポーツ（sport）の語源および語史を再検討する」『大阪体育大学紀要』（共著）第50巻，2019年，53-87頁。

ウエイン・ジュリアン（Julian Wayne）

1969年　生まれ。
1999年　英国シェフィールド大学大学院東アジア研究科修士課程修了。
現　在　大阪体育大学体育学部教授。
主　著　「翻訳作業から捉えた初期ボクシングの実態――ブロートンズ・ルールの定訳に向けて」『大阪体育大学紀要』第44巻，2013年，139-146頁。
「A Brief Characterization of Nippon Kempo」『大阪体育大学紀要』第45巻，2014年，157-164頁。
「Factors Influencing the Creation and the Pre-and Post-War Spread of Nippon Kempo」『大阪体育大学紀要』第48巻，2017年，1-14頁。

ミネルヴァ世界史〈翻訳〉ライブラリー④
スポーツの世界史

2023年4月30日　初版第1刷発行　〈検印省略〉

定価はカバーに
表示しています

訳　者　中　房　敏　朗
ウエイン・ジュリアン
発行者　杉　田　啓　三
印刷者　江　戸　孝　典

発行所　株式会社　ミネルヴァ書房
607-8494 京都市山科区日ノ岡堤谷町1
電話代表（075）581-5191
振替口座 01020-0-8076

共同印刷工業・新生製本

ISBN978-4-623-09437-0
Printed in Japan

南塚信吾・秋山晋吾 監修

ミネルヴァ世界史〈翻訳〉ライブラリー

◆「新しい世界史叙述」の試みを、翻訳で日本語読者へ届ける

＊四六判・上製カバー

① 戦争の世界史
マイケル・S・ナイバーグ 著　稲野 強 訳
本体二六〇〇円

② 人権の世界史
ピーター・N・スターンズ 著　上杉 忍 訳
本体三二〇〇円

③ 宗教の世界史
ジョン・C・スーパー
ブライアン・K・ターリー 著　渡邊昭子 訳
本体二八〇〇円

④ スポーツの世界史
デイビッド・G・マコーム 著　中房敏朗
ウエイン・ジュリアン 訳
本体二八〇〇円